L'ŒUVRE DES INFIRMIERS VOLONTAIRES

MANUEL DE POCHE

DE

L'INFIRMIER VOLONTAIRE

(Secouriste, Sauveteur)

DÉLIVRÉ GRATUITEMENT
A L'INFIRMIER VOLONTAIRE INSCRIT

PARIS

ROUHIER, IMPRIMEUR

37, RUE PIGALLE

Ie 18
797

So 88950

MANUEL DE POCHE

DE

L'INFIRMIER VOLONTAIRE

1

L'ŒUVRE DES INFIRMIERS VOLONTAIRES

MANUEL DE POCHE

DE

L'INFIRMIER VOLONTAIRE

(Secouriste, Sauveteur)

DÉLIVRÉ GRATUITEMENT
A L'INFIRMIER VOLONTAIRE INSCRIT

PARIS

J. ROUHIER, IMPRIMEUR

37, RUE PIGALLE

CRÉATION

DE CORPS D'INFIRMIERS VOLONTAIRES

destinés à secourir les blessés
et les malades en temps de guerre.

———

L'Armée française, en état de mobilisation, dispose de plus de 6.000 Médecins, 1.150 Pharmaciens, 1.900 Officiers d'Administration, 30.000 Infirmiers de section et environ 20.000 Infirmiers et Brancardiers régimentaires.

Les Etats dont l'organisation militaire se rapproche le plus de la nôtre possèdent un service de santé militaire, non moins considérable, mais ils ont une énorme supériorité sur nous, en raison du développement qu'ils ont su imprimer aux Sociétés de Secours aux blessés.

En Allemagne, la Prusse seule compte 600 Sociétés de Secours avec 70.000 membres. A côté des grandes Sociétés reconnues d'utilité publique, elle possède des corps d'infirmiers volontaires qui ont jusqu'à 2.000 et 6.000 membres, répartis par provinces et arrondissements.

En Autriche-Hongrie, la grande Société de Secours aux blessés de la Cisleithanie seule comptait déjà, en 1884, 54.000 membres, formant 400 Sociétés secondaires dont l'organisation est si puissante et si complète jusque dans ses moindres détails qu'il existe une carte uniquement consacrée à cette organisation, où sont exactement notées les ressources dont disposent en hommes et en matériel non seulement les villes, mais sur les frontières jusqu'aux moindres villages.

En France, trois grandes Sociétés reconnues d'utilité publique, *la Société française de secours aux blessés*, *l'Union des Femmes de France*, *l'Association des Dames françaises*, disposent d'un matériel sinon supérieur, du moins égal à ceux des grandes Sociétés étrangères ; mais ce qui nous fait défaut, ce sont les corps d'Infirmiers volontaires.

En guerre, les armées avancent ou reculent suivant les exigences de l'art militaire, et dans leur marche entraînent tous les services sanitaires de l'avant, laissant aux soins des services de l'arrière, non seulement tous leurs blessés et malades, mais encore ceux de l'armée ennemie, qui ne sont pas transportables. C'est l'une des raisons principales, qui explique l'extension donnée par l'Allemagne et l'Autriche-Hongrie à leurs corps d'Infirmiers volontaires.

En France, certes, le dévouement ne manque pas, mais le dévouement sans organisation ne peut suffire.

L'effectif des armées augmente sans cesse, la puissance destructive des armes de guerre est devenue effrayante. Au lendemain d'une bataille, les milliers de blessés de l'armée nationale se doubleront des milliers de blessés de l'armée ennemie. Où trouvera-t-on le grand nombre d'Infirmiers nécessaires pour leur donner, sous les ordres des médecins, tous les soins convenables? Où les trouvera-t-on si tout n'est pas prévu et réglé d'avance?

Encore nous ne parlons que des blessés. Dans la guerre de 1870, alors que les armes étaient moins meurtrières et les armées moins nombreuses, nous avons perdu près de deux cent mille hommes dont le plus grand nombre succomba, non pas à des blessures, mais faute de soins, à des maladies infectieuses. Quelle sera la situation de nos braves soldats, de notre vaillante armée, dans une guerre future? Les combattants se chiffrent à des millions d'hommes, leur augmentation fera accroître les dangers des maladies épidémiques en même temps que les armes ont acquis une portée et une puissance de destruction sans exemples dans l'histoire.

Il faut que dès le temps de paix de nombreux corps d'Infirmiers volontaires soient organisés, il faut que chaque Infirmier soit porteur d'une feuille de route nominative spéciale pour qu'on puisse réunir sur un point donné à un moment donné, le nombre d'hommes indispensables pour faire face à toutes les exigences.

En outre, il suffisait autrefois pour être un excellent Infirmier, d'avoir de la bonne volonté et du sang-froid; de la bonne volonté pour surmonter les fatigues, les dégoûts, les répugnances; du sang-froid pour triompher des émotions dans les grandes opérations chirurgicales et de la crainte des maladies contagieuses. Ces deux qualités maîtresses, la bonne volonté et le sang-froid, sont aussi indispensables que jamais ; mais elles ne suffisent pas. Un Infirmier qui n'en n'aurait pas d'autres, serait plus dangereux qu'utile. Les révolutions récemment faites dans les diverses branches de l'art de guérir sont telles, que tout homme qui approche d'un malade, même pour remplir le rôle modeste d'Infirmier, doit posséder une certaine instruction technique ; sinon toute la bonne volonté sera stérile, tous ses efforts seront non seulement impuissants mais dangereux ; stériles et impuissants, car comment pourrait-il se servir d'un matériel compliqué qu'il ne connaît pas ; dangereux, car ignorant les principes fondamentaux de l'hygiène et de l'antiseptie, il va semer la contagion des maladies qui décimaient autrefois les armées, et tuer les blessés qu'il voudrait guérir.

La nécessité de préparer et d'instruire dès le temps de paix des Infirmiers en grand nombre sur toute l'étendue du territoire et particulièrement sur les frontières est donc impérieuse. La Société des Dames Patronnesses s'en est rendue compte et a entrepris résolument la tâche.

C'est pour cette œuvre patriotique que nous faisons appel au concours et à la charité de tous. L'armée n'est plus un corps séparé ; l'armée c'est nous tous. Personne n'oubliera qu'avec un petit effort aujourd'hui on peut éviter à un fils, à un époux, à un frère d'horribles douleurs, d'incurables infirmités et la mort même.

———

RÈGLEMENTS

DE CORPS D'INFIRMIERS VOLONTAIRES

ARTICLE 1". — La Société ou la commune de   organise un corps d'Infirmiers destiné à fournir en temps de guerre, aux Sociétés de Secours aux Blessés et au Service de Santé Militaire des hommes disciplinés, instruits et dévoués.

ART. 2. — Nul ne peut entrer dans le corps des Infirmiers volontaires s'il n'est français ou naturalisé français et s'il n'est dégagé de toutes les obligations imposées par la loi du 15 juillet 1889 sur le recrutement de l'armée, et par la loi du 3 brumaire an IV sur l'inscription maritime.

Toutefois les hommes faisant partie

de la réserve de l'armée territoriale ou classés dans les services auxiliaires et appartenant à l'armée territoriale ou à la réserve, peuvent être admis, dès le temps de paix, à faire partie du corps des Infirmiers volontaires, afin de recevoir une instruction qui leur sera d'une utilité incontestable lorsqu'ils seront appelés sous les armes.

Art. 3. — Peuvent entrer dans le corps des Infirmiers : tous les hommes valides, dégagés des obligations inscrites à l'article 2, qui produisent : 1° un certificat de bonnes vie et mœurs ; 2° un certificat de bonne santé délivré par un médecin de la société ou de la commune de   , et qui s'engagent sur l'honneur à se soumettre rigoureusement aux statuts et règlements des Infirmiers volontaires, et à servir pendant toute la durée de la guerre. Les uns et les autres sont admis comme candidats infirmiers. Ils doivent accomplir une période d'instruction théorique et pratique dans les conditions ci-dessous spécifiées. Après quoi ils sont nommés Infirmiers s'ils sont reconnus aptes à en remplir les fonctions.

Art. 4. — Les Infirmiers de la Société ou de la commune de
porteront, en temps de guerre, un uniforme avec l'insigne spécial de la Société des Dames Patronnesses. Cet uniforme, qu'ils seront autorisés à porter en temps de paix, dans les exercices, leur est gratuitement délivré par la Société des Dames Patronnesses, ainsi que le matériel nécessaire à leur instruction et à leur fonctionnement.

Art. 5. — Ils porteront, en vertu du décret du 19 octobre 1892, le brassard de neutralité institué par l'article 7 de la convention de Genève en date du 22 août 1864. Ce brassard leur sera délivré lors de la mobilisation par les délégués régionaux des sociétés de secours aux blessés militaires reconnues d'utilité publique, ou par le maire de la commune qui en fera la demande à l'autorité militaire.

Ces brassards, délivrés par le Ministère de la Guerre, sont estampillés et numérotés.

Il est délivré en même temps à chaque Infirmier une carte d'identité nominative qui porte le même numéro

que le brassard et la signature du titu-
laire.

Art. 6. — En temps de guerre, les
Infirmiers volontaires sont transportés
gratuitement pour les besoins du service.

Pendant leurs absences nécessitées
par le service, la Société des Dames
Patronnesses, de concert avec les sociétés ou les mairies des communes
qui emploieront des Infirmiers, assiste
la famille de ceux-ci en cas de besoin.
Les chefs de sections des sociétés ou
les maires des communes sont chargés
de ce soin, étant entendu que les
hommes chargés de famille seront affectés aux services sédentaires, les
autres aux services mobiles. Les uns et
les autres seront payés au taux de la
réquisition.

Art. 7. — Les Infirmiers sont divisés
en escouades de 5 à 10 hommes, mises
sous la direction d'un chef d'escouade
qui prend le titre de chef-infirmier.

Les escouades réunies sont sous la
direction des chefs de section ou du
maire de la commune.

Instruction des Infirmiers.

L'instruction dont doivent justifier les candidats, pour être nommés Infirmiers, se compose de deux parties : l'une théorique, l'autre pratique.

L'instruction théorique est donnée dans les cours régulièrement faits dans les endroits désignés par les chefs de section ou par les maires des communes.

L'instruction pratique est donnée soit dans les locaux des sociétés de secours aux blessés militaires, soit dans les hôpitaux. Elle a pour but de familiariser les futurs Infirmiers avec le matériel de campagne, de les exercer :

1· A nettoyer les salles et les ustensiles ;

2· A préparer ou à stériliser les instruments ou appareils ;

3· A transporter ou à manier les blessés ou malades ;

4· A leur donner les soins personnels ;

5· A prendre les températures, etc.

Les candidats Infirmiers subiront un examen portant sur les matières ci-dessus, lequel examen subi avec succès devant un jury médical composé d'un délégué de la Société des Dames Patronnesses et d'un délégué des Sociétés d'Assistance aux Blessés Militaires, donne droit au certificat d'aptitude.

Fonctionnement.

Les Infirmiers volontaires qui ne sont pas affectés aux services sédentaires, sont détachés en temps de guerre dans les hôpitaux auxiliaires de campagne ou du territoire et dans les diverses formations sanitaires dont les chefs en feront la demande.

Ils s'engagent à se rendre à l'endroit qui leur est indiqué, dans le délai fixé par leur feuille de route. Ils doivent dès leur arrivée se mettre à la disposition des chefs de service qui leur sont désignés et rester sous leur autorité tant que ceux-ci le jugent nécessaire.

En vertu du décret du 19 octobre 1892, les Infirmiers employés dans la zone de l'arrière de l'armée sont soumis aux lois et règlements militaires.

Ceux qui encourraient une peine

grave seraient rayés du corps des Infirmiers volontaires, et perdraient immédiatement, eux et leur famille, tous les
avantages stipulés ci-dessus.

MANUEL DE L'INFIRMIER VOLONTAIRE

I

Les Devoirs de l'Infirmier Volontaire

Les connaissances, le savoir-faire nécessaires à l'Infirmier de profession pour soulager ou sauver des malades, l'Infirmier volontaire les acquiert pour le soulagement ou le salut des victimes d'accidents, d'épidémies, de la guerre. Ses devoirs n'en sont que plus sévères et les services qu'il rend, d'autant plus considérables qu'il se trouve le plus souvent placé dans des circonstances où il lui faut tout préparer, tout prévoir pour sauver, ou du moins pour secourir ceux auxquels il s'est volontairement dévoué.

Les douloureuses statistiques de la guerre nous apprennent que lorsque les armes étaient moins dangereuses et leur portée moins grande, 99 sur 100 des blessés succombaient à la suite des opérations. Depuis, l'art de stériliser les instruments, de faire les pansements, de soigner, de toucher les blessés a fait des progrès tels que, sur cent opérés, quatre-vingt-quinze sont sûrement sauvés, du moment que médecins et infirmiers mettent tous leurs soins à obéir aux prescriptions de la chirurgie nouvelle.

Nous en dirons autant des maladies. Aucune ne devient par elle-même infectieuse en cas de maladies ordinaires ; aucune n'est contagieuse en cas d'épidémies ; mais toutes peuvent devenir l'un et l'autre, cela dépend des lieux dans lesquels on place les malades, des soins qu'on leur donne, de la propreté des personnes et des choses qui les entourent.

Le premier devoir de l'Infirmier volontaire sera donc la propreté : son linge sera aussi frais que possible, son costume ou son uniforme sans taches ni souillures, et susceptible d'être lavé le cas échéant, ses mains, ses ongles, sa bouche, ses dents, toujours bien nettoyés, tant dans son intérêt que dans celui du malade.

Son second devoir sera une soumission sans bornes aux ordres du médecin. S'il a le moindre doute sur l'exécution de ses prescriptions, il le consultera sans hésitation. Il observera avec la même conscience les malades ou blessés qui lui sont confiés, afin qu'il puisse à son tour renseigner le médecin le mieux possible.

S'il se trouve isolé en face de la victime d'un accident, d'un malade, d'un blessé, il suivra selon le cas particulier les prescriptions du Manuel, et fera appeler ou appellera lui-même, aussitôt qu'il le pourra, le médecin le plus proche.

Si plusieurs Infirmiers volontaires forment une escouade, ils se soumettront aux ordres du Chef-Infirmier, observeront entre eux une discipline rigoureuse, se répartiront le travail de jour et de nuit, le nettoyage des salles, des tentes, des chambres ; aucune besogne, aucun soin ne leur paraîtra trop répugnant.

Enfin, pour compléter leur instruction, les Infirmiers volontaires ou le Chef-Infirmier, s'ils forment une escouade, le médecin qui leur est attaché, s'ils constituent un corps, demanderont l'autorisation de visiter de temps à autre un hôpital, d'assister à quelques opérations, afin de se rendre compte, par eux-mêmes, des devoirs qui leur incombent, et de se familiariser avec leur accomplissement.

Dans les localités où il n'y aurait point d'hôpital, de même que durant leur instruction théorique, ils feront des exercices réguliers avec le matériel qu'ils auront à leur disposition, conformément à l'ordre du tableau mentionné au dernier chapitre du Manuel.

II.

Notions élémentaires d'Anatomie et de Physiologie.

LES OS, corps durs, de formes variées, constituent, par leur réunion, le squelette qui est la charpente du corps humain. Ils soutiennent les parties molles du corps et enveloppent, protègent les organes les plus importants : cerveau, moëlle épinière, cœur, poumons. Mis en mouvement par les muscles, ils remplissent les fonctions de levier. Fig. 1.

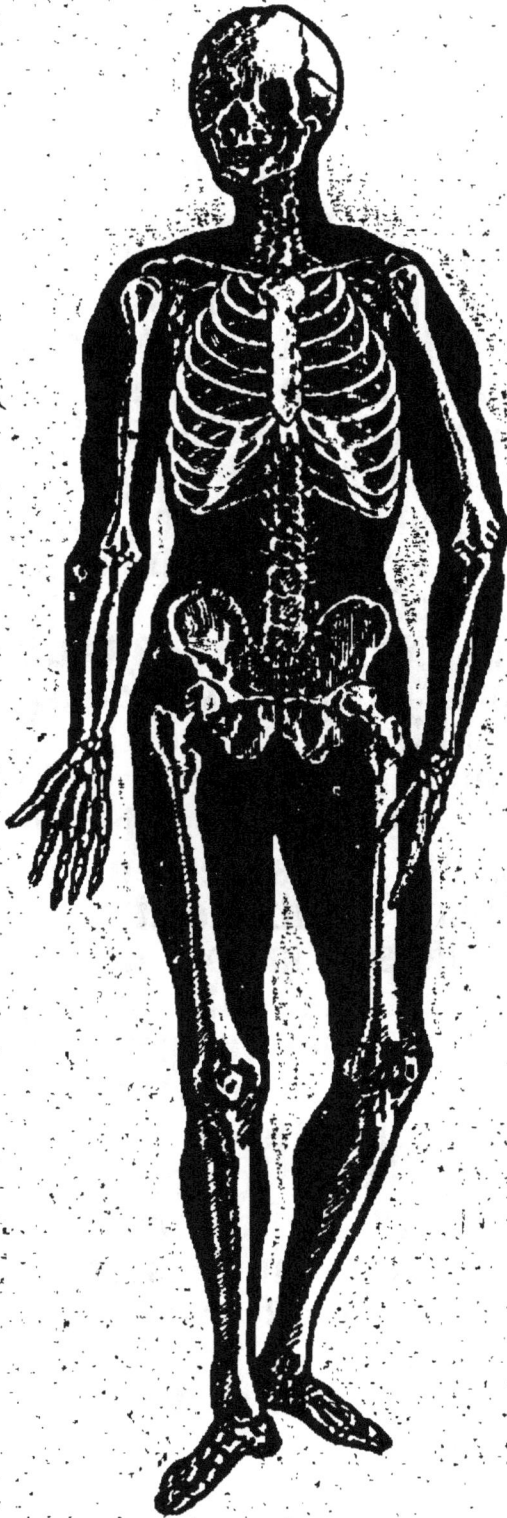

Fig. 1. -- Le squelette.

LA TÊTE est formée de vingt os, solidement unis entre eux, à l'exception de la maxillaire inférieure qui est mobile dans son articulation. Les os du crâne enveloppent la cavité crânienne, laquelle renferme le cerveau, organe central de tous les phénomènes de la vie. Les os de la face contiennent les organes principaux des sens: yeux, oreilles, narines, langue; par lesquels l'homme voit, entend, sent, goûte.

LA COLONNE VERTÉBRALE enveloppe dans son canal intérieur, appelé canal rachidien, la moëlle épinière qui descend du cerveau et envoie, dans tous les organes et tous les membres, des filets nerveux dont dépendent leur sensibilité et leurs mouvements. Elle se compose de vingt-quatre vertèbres, unies entre elles par des ligaments élastiques qui permettent que le corps se ploie, se courbe, se tourne. Elle soutient la tête, le thorax et les bras et s'appuie sur le bassin.

LE THORAX se compose de sept vraies côtes et de cinq fausses côtes qui, en arrière, s'articulent avec les vertèbres dorsales, et en avant sont unies, par des cartilages, à l'os de poitrine appelé *sternum*. La cavité thoracique renferme les principaux organes de la respiration : trachée, bronches, poumons ; et de la circulation sanguine : cœur, artères et veines importantes. En bas, la cavité thoracique est fermée par un grand muscle plat qui s'étend comme une feuille de palmier, de droite à gauche, aux côtes inférieures, et d'arrière en avant, de la dernière vertèbre dorsale au sternum. Ce muscle, appelé *dia-phragme*, contribue par son mouvement propre et celui des côtes, à la respiration.

LE BASSIN, qui a, en quelque sorte, la forme d'une puissante et grande ver-tèbre, se compose, en arrière, d'un grand os, le *sternum* qui soutient la colonne vertébrale, et de deux os appelés *iliaques*, qui se joignent en avant par la symphise pubienne, formant la cavité pubienne. Le bassin soutient le haut du corps, les intestins, et réunit les membres inférieurs par deux fortes articulations appelées articulations *coxo-fémorales*.

LES MEMBRES SUPÉRIEURS ET INFÉRIEURS. — Les membres supé-rieurs se composent : de l'épaule, du bras, de l'avant-bras et de la main.

L'épaule est formée en arrière par l'omoplate, en avant, par la clavicule, de côté, par la tête du grand os du bras, appelé *humérus*, enveloppés d'une capsule ligamenteuse, ils constituent l'articulation du bras. L'articulation du coude est formée par l'extrémité inférieure du grand os du bras, et par l'extrémité supérieure des deux os de

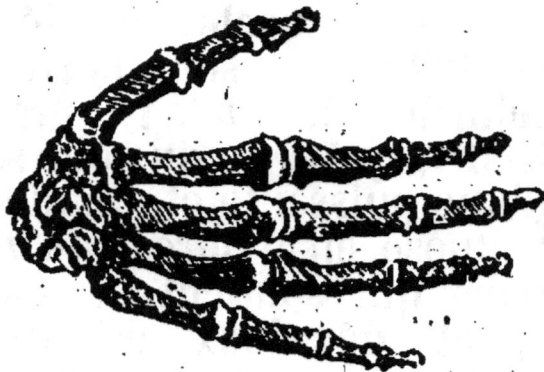

Fig. 2. — Les os et les articulations de la main.

l'avant-bras, appelés *radius* et *cubitus*. A leur extrémité inférieure, se trouve le poignet, composé de huit petits os, les carpes formant l'articulation du même nom. Aux os du carpe sont attachés cinq os plus longs, qui forment les métacarpiens et les quatorze os, phalanges des doigts, tous articulés. Fig. 2.

Les membres inférieurs se composent : de la cuisse, de la jambe et du pied. La cuisse est, comme le bras, formée d'un seul grand os, le *fémur*, dont l'extrémité supérieure est attachée par une capsule ligamenteuse au bassin, articulation de la hanche. A son extrémité inférieure se trouve la partie supérieure de l'os

Fig. 3.
Les os et les ligaments des articulations du pied.

principal de la jambe, *le tibia*, et, en avant, un petit os, à forme ronde et plate, qui protège l'articulation du genou, appelée la *rotule*. En outre du tibia, la jambe renferme le *péroné*, qui ne s'étend pas jusqu'à l'articulation du genou, mais contribue par son extrémité inférieure, ainsi que le *tibia* par la sienne, à former l'articulation du pied.

Le pied se compose du *tarse*, du *métatarse* et des *orteils*. Les os du métatarse et des orteils sont au même nombre, ont la même constitution, et forment des articulations semblables au métacarpe et aux phalanges de la main; tandis que le tarse ne compte que cinq os, mais qui sont plus forts que ceux du carpe de la main. Fig. 3.

Fig. 4.—Articulation de la hanche ou coxo-fémorale.

LES ARTICULATIONS sont toutes constituées des mêmes éléments: de *cartilages*, qui couvrent les extrémités des os et glissent les uns sur les autres, et d'une *capsule ligamenteuse* qui les enveloppe et secrète la *liqueur synoviale*. Les articulations de l'épaule, de la hanche et du genou présentent en outre de forts ligaments qui s'étendent d'une surface à l'autre des os articulés. Fig. 4.

LES MUSCLES sont les moteurs non seulement des membres et de leurs articulations, mais encore de tous les organes. Ils se distinguent en muscles volontaires et involontaires. Les *muscles volontaires* sont formés d'une partie charnue et d'une partie tendineuse, les *tendons*, qui varient avec chaque forme et fonction des muscles. Ceux-ci, avec leurs tendons, prennent leur insertion à un os, et leur point d'appui sur un autre, et en se contractant agissent comme force motrice. Fig. 5 et 6.

Les muscles involontaires ne sont, la plupart, formés que d'une partie charnue, qui enveloppe ou pénètre les tissus des organes. Tous les mouvements que les uns et les autres provoquent dépendent du système nerveux.

Fig. 5. — Les grands muscles de la jambe.

Les muscles sont profonds ou superficiels.

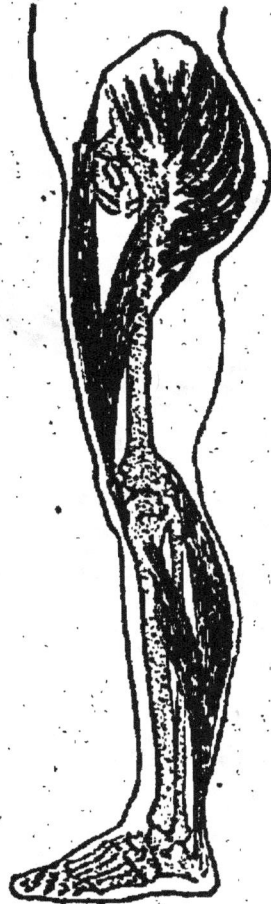

Fig. 6.
Action des muscles.

LE SYSTÈME NER-VEUX se compose d'organes centraux, le *cerveau* et la *moëlle épinière*, et d'organes périphériques. Les filets nerveux qui les relient entre eux se distinguent en *nerfs de la sensibilité* et en *nerfs du mouvement*. Ces derniers agissent dans les muscles et dans les tissus musculaires ; les autres déterminent les sensations de la vue, de l'ouïe, de l'odorat, du goût et du toucher. En s'étendant des centres à la périphérie les nerfs se partagent et se subdivisent en filets de plus en plus ténus. Fig. 7.

Toute forte commotion ou lésion du cerveau est suivie de la perte de conscience, *évanouissement*, ou de la perte du mouvement, *paralysie*, ou de celle de la sensibilité, *anesthésie*. Une lésion de la moëlle épinière n'entraîne la perte du mouvement ou celle de la sensibilité,

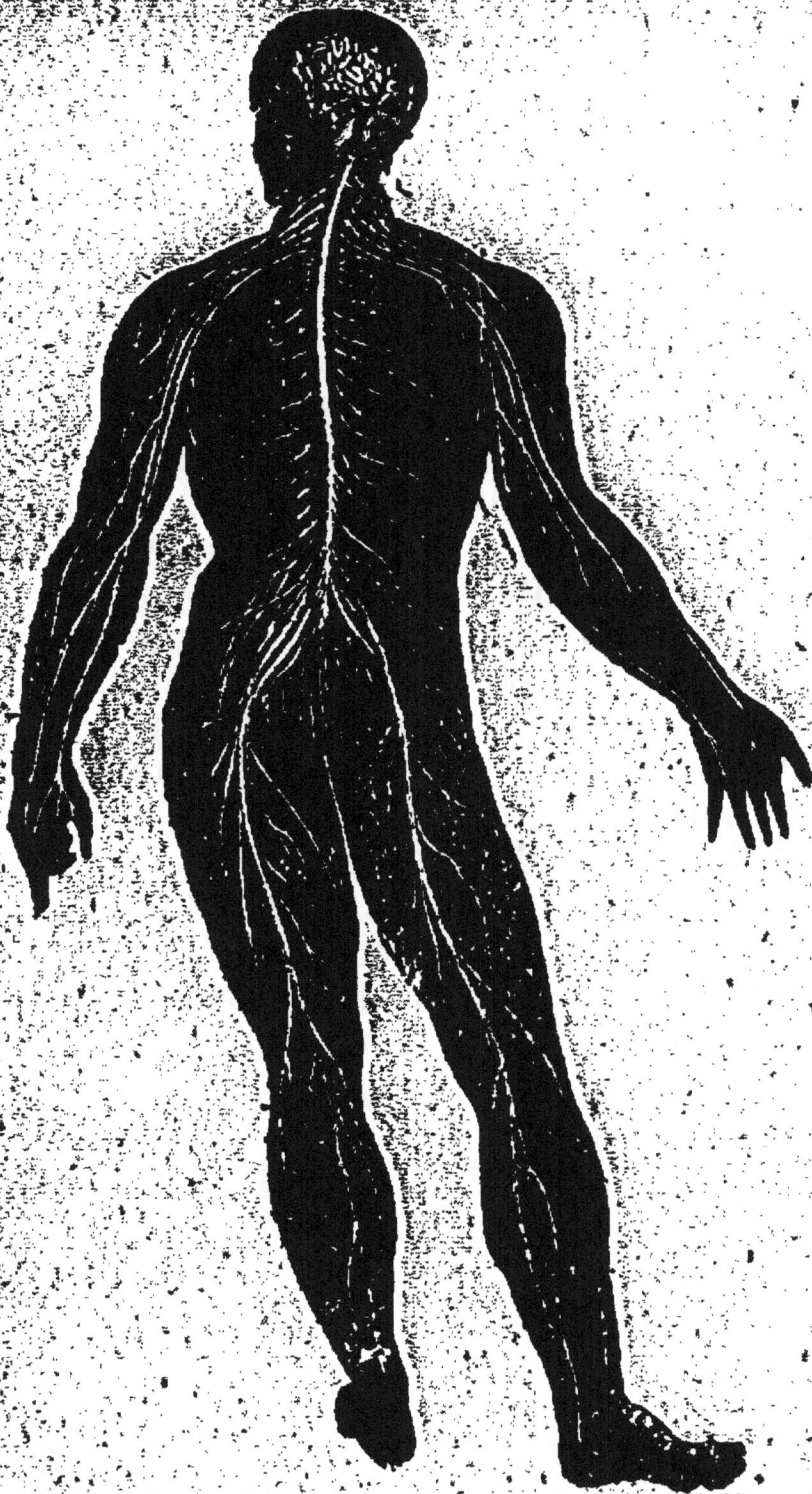

Fig. 7. — Le système nerveux.

3

ou des deux à la fois, qu'à partir de l'endroit lésé.

La lésion de la *moëlle allongée*, qui réunit la moëlle épinière au cerveau, a pour conséquence immédiate la perte de la vie, d'où le nom de *nœud vital* donné à cette partie.

En outre du système nerveux qui préside aux phénomènes du mouvement, de la sensibilité et de la vie animale, il en est un autre appelé le *système ganglionnaire*, qui commande à la *vie végétative*, sur lequel la faculté motrice et la sensibilité n'ont point d'action. Pendant le sommeil le cœur continue à battre, le sang circule, les poumons respirent, les intestins digèrent, sans que l'homme y fasse la moindre attention. Ces phénomènes de la vie passive proviennent du système nerveux ganglionnaire, appelé aussi *le grand nerf sympathique*, qui se compose de centres nerveux distincts, *ganglions*, lesquels s'étendent en avant et le long de la colonne vertébrale. Ils en reçoivent des filets nerveux et en envoient au cœur, aux poumons, aux intestins.

LE SANG est composé d'un liquide clair, jaunâtre, *le sérum*, et de petites globules rouges, plates, desquelles provient la couleur du sang. Ces globules sont d'une petitesse extrême. On en compte 4 à 5 millions par millimètre cube de sang. Un homme qui pèse 65 kilog. possède environ 5 kilog. de sang.

Le sang renferme en outre des globules *blancs*, sphériques, plus grands que les globules rouges, mais en beaucoup plus petit nombre.

A l'air libre, à la suite d'une perte de sang ou d'une saignée, le sang se *coagule*, c'est-à-dire le *sérum* du sang se sépare, en formant la *couenne*, des autres parties, lesquelles se condensent en une masse fibrineuse, appelée le *caillot*.

LA CIRCULATION DU SANG. — Le sang produit la nutrition et la chaleur du corps par une double circulation. L'une, *la petite*, allant du cœur aux poumons et revenant des poumons au cœur; l'autre, *la grande*, allant du cœur aux organes et membres, pour revenir de ceux-ci au cœur. De cette double circulation résultent deux espèces de sang : l'un, *rouge vermeil*, le sang *artériel*, qui, en traversant les poumons, absorbe *l'oxygène* de l'air inspiré, et, revenant au cœur, est conduit par les artères à toutes les parties du corps; l'autre, *rouge pourpre*, le sang *veineux* ou *noir*, qui, abandonnant l'oxygène aux organes et aux membres, se charge *d'acide carbonique* et revient par les veines au cœur, qui le renvoie aux poumons. Fig. 8.

Ce phénomène de l'absorption d'oxygène et de l'abandon d'acide carbonique, qui est le même que celui de toute

Fig. 8.
Représentative de la circulation du sang.

combustion, d'une bougie, d'une lampe, explique la chaleur et l'importance de son rôle dans l'organisme.

LE CŒUR est un muscle puissant et creux, du poids de 760 grammes environ, situé dans la partie gauche de la poitrine, deux doigts au-dessous de la papille mamillaire. Entre la sixième et la septième côte, on sent ses battements qui proviennent des contractions et dilatations de ses cavités. Ces cavités sont dans la partie supérieure au nombre de deux, appelées *les oreillettes*, et dans la partie inférieure au nombre de deux également, nommées *les ventricules*. Par une de ces oreillettes il reçoit de *la veine cave* le sang veineux du corps, et l'envoie, par le ventricule correspon-

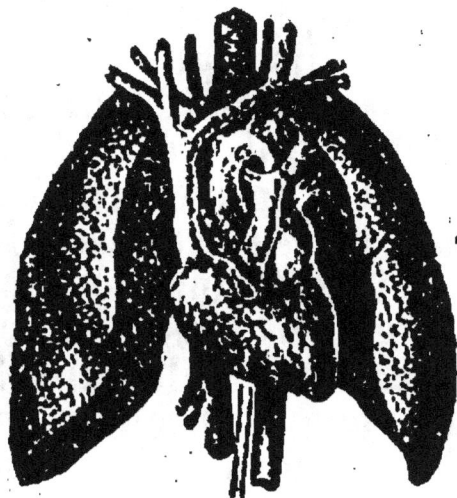

Fig. 9 — Le cœur, les poumons
et les grandes artères et veines.

dant et *l'artère pulmonaire*, aux poumons. De ceux-ci, le sang, redevenu artériel, revient à l'autre oreillette qui le transmet au ventricule correspondant, lequel l'envoie, par *l'aorte*, aux membres et organes du corps.

Les entrées et sorties des oreillettes

et ventricules sont munies de *valvules* disposées de manière que les unes s'ouvrent quand les autres se ferment, de façon à empêcher le reflux du sang, fonctionnant comme les soupapes d'une pompe aspirante et foulante.

Les bruits faits par le cœur s'entendent en appliquant l'oreille sur la poitrine. Ils se distinguent en *premier et second bruits*, celui-ci plus fort, l'autre plus faible, qui répondent à l'ouverture et à la fermeture des valvules *auriculaires* et *ventriculaires*. Fig. 9.

LES ARTÈRES sont dénommées d'après les organes et les membres où elles se rendent. En conduisant les ondées sanguines venant du cœur dans toutes les parties du corps, elles donnent lieu au phénomène appelé *le pouls*, qui est particulièrement sensible dans les artères qui longent les os. Elles sont détendues par des anneaux cartilagineux, et à mesure qu'elles s'éloignent du cœur, elles perdent en épaisseur, se ramifient, se subdivisent et se terminent dans les vaisseaux capillaires. Fig. 10.

LES VAISSEAUX CAPILLAIRES sont d'une ténuité et d'une petitesse très grande; leur diamètre est de deux mil-

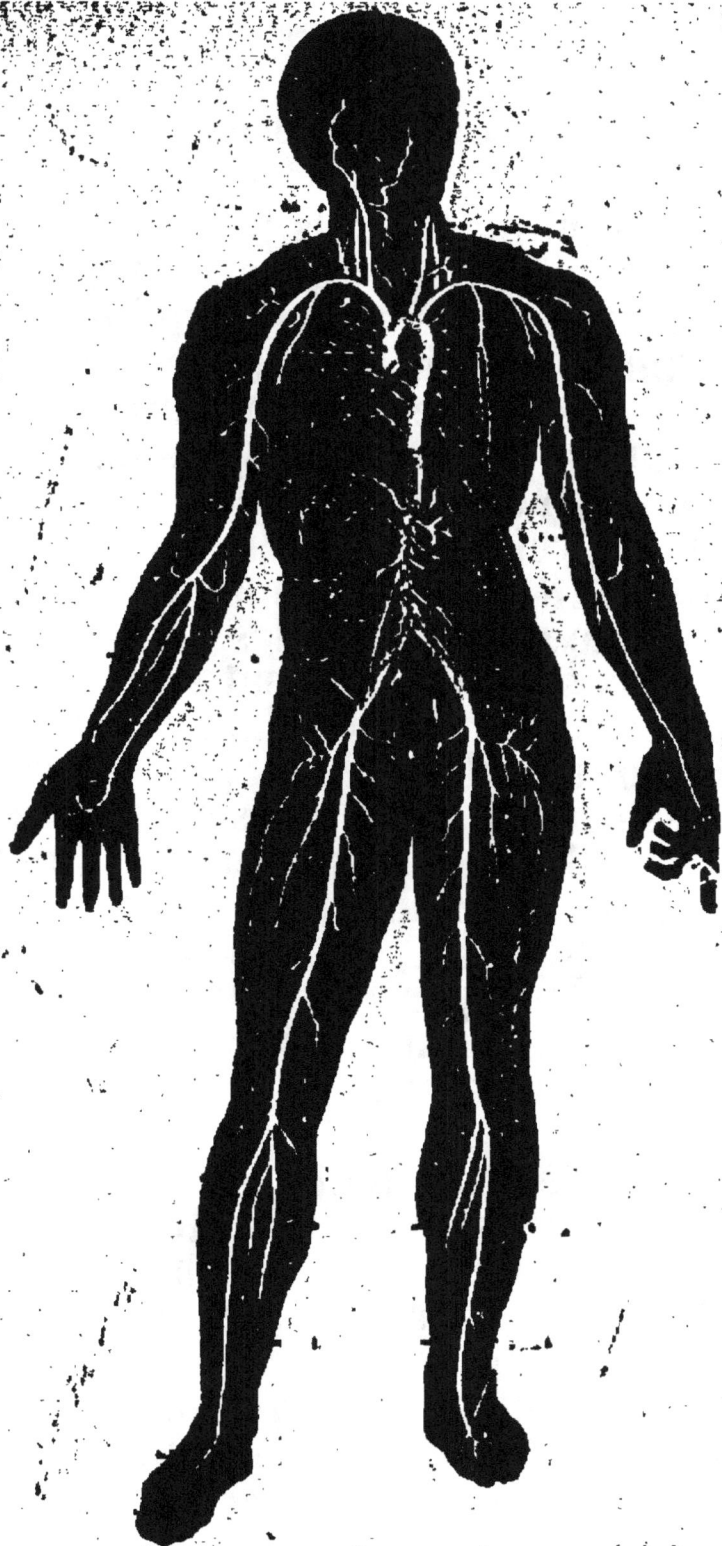

Fig. 10. — Le système artériel.

lièmes de millimètre. Ils pénètrent partout; produisent la rougeur lorsqu'ils sont détendus, la pâleur lorsqu'ils sont comprimés; enfin, nés de la division extrême des artères, ils se réunissent à leur tour en rameaux de plus en plus puissants, changent de forme et prennent le nom de veines.

LES VEINES ne présentent point le phénomène du pouls. Elles sont en général plus superficiellement situées que les artères. On les distingue sous la peau à leur couleur bleue; pour les voir se dessiner, il suffit de serrer ou de laisser tomber un membre. Élastiques comme les capillaires et les artères, elles ne sont point, comme ces dernières, détendues par des anneaux cartilagineux, mais munies de valvules qui en empêchent le retour du sang sur lui-même.

LES POUMONS, dont le rôle dans la circulation du sang vient d'être exposé, sont l'organe de la respiration. Ils sont formés de deux sacs spongieux qui, renfermés à l'intérieur de la cavité thoracique, se dilatent, *inspiration*, ou se compriment, *expiration*. C'est à l'expiration que le sang veineux, revenu des

organes, abandonne son acide carbonique, et à l'inspiration qu'il absorbe à
nouveau l'oxygè-
ne. Les poumons,
en se dilatant,
appellent l'air ex-
térieur qui entre
par le nez, la
bouche, et pénè-
tre par *le larynx*,
la trachée artère
et *les bronches*,
lesquelles se ra-
mifient et se sub-
divisent à l'infini
jusqu'aux *alvéo-
les pulmonaires*, à
l'instar des tiges
dans les grappes
de raisins. C'est
dans les alvéoles

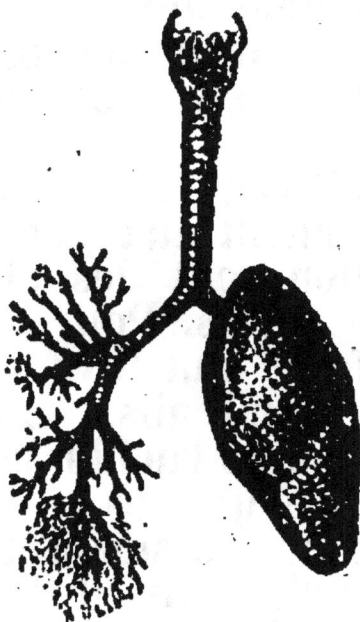

Fig. 11.— Un poumon
avec la trachée artère et
les grandes et petites
bronches.

pulmonaires que s'opère l'absorption
de l'oxygène et le dégagement de l'acide
carbonique, à la suite de l'inspiration
et de l'expiration. Ce double mouvement des poumons est provoqué par le
soulèvement et l'affaissement des côtes,
la contraction et la dilatation du
diaphragme. L'ensemble constitue le

phénomène de la respiration. Fig. 11.

Les poumons sont séparés des parois thoraciques et du diaphragme par *la plèvre*, grand sac replié sur lui-même, et qui facilite les mouvements des poumons.

LES ORGANES DE NUTRITION. — Les organes qui se rattachent aux phénomènes de la nutrition sont des plus multipliés et des plus variés. Pour que le sang acquière sa force nutritive entière, il ne suffit point qu'il absorbe de l'oxygène et abandonne de l'acide carbonique, il faut encore que les autres éléments dont il se compose soient reconstitués à mesure qu'ils s'usent dans l'organisme et sont éliminés. On distingue donc les organes, qui contribuent à la transformation des éléments constitutifs du sang par les aliments absorbés : en ceux qui y contribuent immédiatement, *les organes digestifs*, en ceux qui y concourent médiatement par des sécrétions particulières, *les organes sécréteurs*, et en ceux qui servent à faciliter les fonctions des uns et des autres en éliminant les parties devenues nuisibles ou inutiles, *les organes excréteurs*. A vrai dire tous les organes sont la fois absorbants (digestifs), sécréteurs et excréteurs, mais par suite de la variété de leurs formes et de la multiplicité de leurs fonctions, c'est toujours l'un ou l'autre des caractères qui prédomine.

Foie Pylore Œsophage Pancréas Estomac

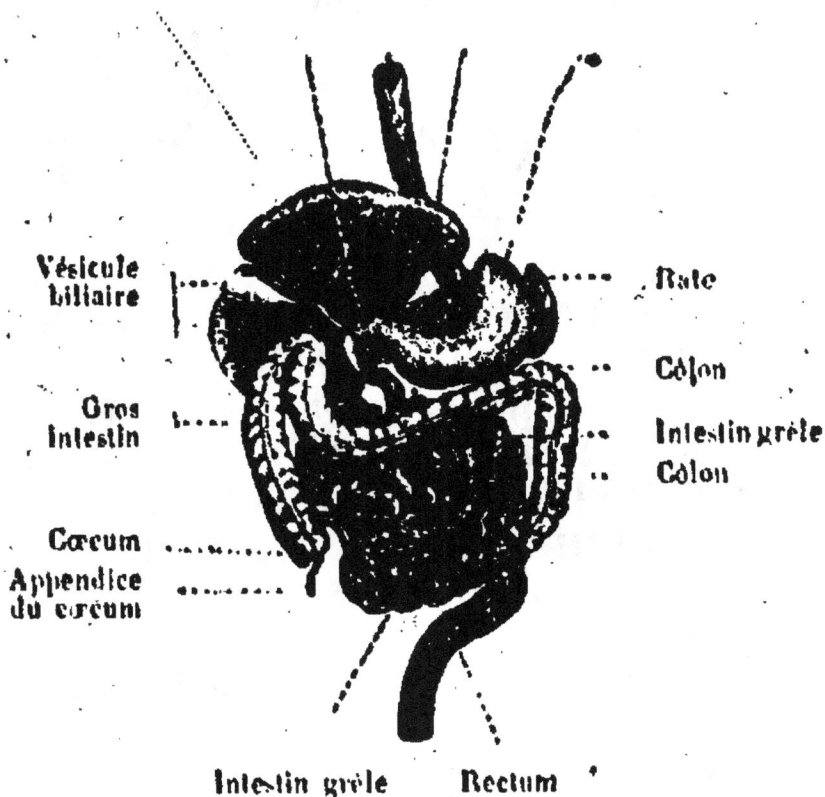

Vésicule biliaire

Rate

Gros Intestin

Côlon

Intestin grêle

Côlon

Cœcum

Appendice du cœcum

Intestin grêle   Rectum

Fig. 12. — Appareil digestif

LE CANAL DIGESTIF — Les aliments pris par la bouche sont divisés et triturés par les dents; mêlés à la salive, sécrétée par *les glandes salivaires*, ils descendent par *le pharynx* et *l'œsophage*, qui se trouve derrière la trachée, dans l'estomac; d'où ils passent aux *intestins grêles*, et de ceux-ci aux *gros intestins*, par lesquels les parties non absorbées sont finalement éliminées.

Sur tout son parcours le canal digestif est couvert d'une peau appelée *muqueuse*, laquelle contient des glandes qui sécrètent le *mucus*. Il est entouré d'une couche musculaire, laquelle provoque les mouvements du canal digestif. En outre des artères, veines et capillaires qu'il renferme, il contient des vaisseaux appelés *lymphatiques*, qui conduisent au sang les éléments nutritifs qui ont été absorbés, pendant que le gros intestin élimine les aliments ou les parties d'aliments non absorbées. Fig. 12.

L'ESTOMAC est un grand sac musculaire qui reçoit *le bol alimentaire* de l'œsophage, sécrète *le suc gastrique*, lequel décompose les aliments azotés (viandes) et, par ses contractions, les pousse avec les matières non azotées (légumes) dans les intestins. Ceux-ci se distinguent, ainsi qu'il vient d'être dit, en intestins grêles et en gros intestins. Dans le premier s'active la décomposition des aliments, grâce au concours des sécrétions de deux glandes importantes.

LE FOIE se trouve à droite de l'estomac; il est en partie caché sous les côtes, et en communication avec l'intestin grêle par *la vésicule* et *le canal biliaires*. Il sécrète *la bile* et fournit un des éléments nécessaires à l'achèvement de la digestion.

LE PANCRÉAS est de même une grande glande, moins importante cependant que le foie, qui se trouve en arrière de l'estomac et débouche également dans l'intestin grêle, pour lui fournir *le suc pancréatique*.

LA RATE. — Les vaisseaux lymphatiques, dont il a été question plus haut, ayant recueilli les éléments nutritifs absorbés par le canal digestif, les portent sous la forme du *chyle*, suc blanc, laiteux, au sang, en traversant de nombreux *ganglions* et une grande glande, *la rate*, qui n'est qu'un ganglion du système lymphatique d'une forme particulière. Elle se trouve à gauche de l'estomac; et dans son tissu, *la pulpe*, les vaisseaux des ganglions lymphatiques se mêlent aux capillaires sanguins, établissant le raccord entre les organes de la circulation et ceux de la nutrition.

LE SYSTÈME GÉNITO-URINAIRE se distingue en deux parties : l'une, destinée à l'élimination des liquides absorbés et utilisés par l'organisme, se compose des *reins*, situés des deux côtés de la colonne vertébrale, de *la vessie*, qui se trouve derrière la symphise pubienne, et du canal excréteur, *l'urèthre*. La seconde partie est formée des organes génitaux, destinés à la reproduction de l'espèce.

LA PEAU préserve le corps par l'épiderme, qui la couvre des influences extérieures. Elle renferme : *les papilles nerveuses*, desquelles proviennent les sensations du toucher ; *les glandes sudorifères*, qui, par leur sécrétion, donnent naissance aux phénomènes de la transpiration et à ceux de l'évaporation. Elle élimine, par évaporation et par transpiration, autant de liquide environ que les reins et la vessie, 1 kilog. en 24 heures. Elle renferme en outre *les glandes sébacées*, qui sécrètent une matière graisseuse, de laquelle provient son onctuosité. Enfin, servant de couverture au corps entier, elle empêche les refroidissements par *le tissu adipeux* ou *graisseux* qui la double, ainsi que par les cheveux et les poils qui naissent de ses *glandes pilifères*.

La peau est un des principaux organes du corps. Siège d'un sens, elle supplée par ses sécrétions à d'importants organes intérieurs tels que le foie et les reins, et explique par sa constitution seule déjà la gravité du devoir de propreté qui incombe à l'Infirmier volontaire, autant dans son propre intérêt que dans celui des blessés et malades.

III
Instruments et Appareils.

L'Infirmier volontaire, connaissant le corps humain suffisamment pour donner aux blessés et malades les soins qui leur sont nécessaires, se familiarisera de même avec les instruments et les appareils, leurs noms et leurs formes, afin de pouvoir les nettoyer, les stériliser ou s'en servir selon les prescriptions du médecin.

Les boîtes de pharmacie renferment les médicaments les plus en usage dans des flacons soigneusement étiquetés. La plupart étant des substances dangereuses, l'infirmier, *sans instruction spéciale, s'abstiendra d'y toucher, même lorsqu'il croit en connaîtrə l'emploi.* En revanche, il s'exercera à manier le pèsegouttes, fig. 13 ; la seringue à injection, fig. 14 ; la seringue à lavement ; le clyso-pompe, fig. 15. Il apprendra de même l'administration des médicaments par cuillerée à café ou cuillerée ordinaire ; l'emploi du pain azyme ; celui des verres à dosage, fig. 16 ; de l'entonnoir et du papier à filtrer ; du thermomètre à prendre la température, fig. 17 ; du vaporisateur, fig. 18. C'est en temps de guerre, en l'absence d'un pharmacien, que ces connaissances lui seront surtout utiles.

LES INSTRUMENTS DE CHIRURGIE. — Pas plus que les boîtes de pharmacie, les trousses et étuis d'instruments de chirurgie ne sont destinés à l'usage de l'infirmier volontaire. Une paire de ciseaux pour couper une pièce d'étoffe, de toile, ou un vêtement, un couteau pour tailler un morceau de bois ou de carton, sa propriété personnelle, lui suffisent pour pouvoir rendre souvent des services

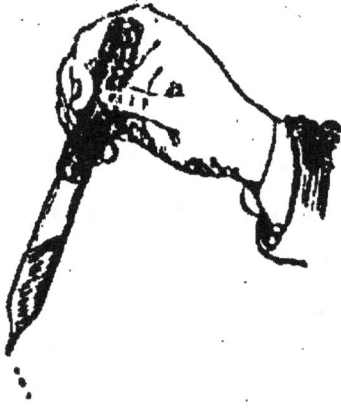

Fig. 13. — Pèse-gouttes.

Fig. 14.
Seringue à
injection.

Fig. 16.
Verres à dosage.

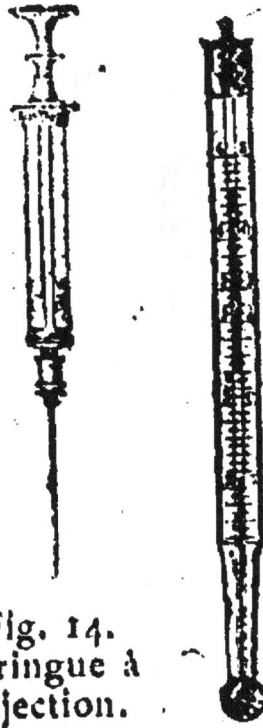

Fig. 17.
Thermomètre
à température.

Fig. 15. — Clyso-pompe.

Fig. 18. — Vaporisateur.

4

inappréciables. Mais il doit connaître les noms et les formes des principaux instruments que le médecin-chirurgien peut lui demander, tels que : le bistouri, fig. 19; la sonde cannelée, fig. 20 ; la pince à torsion, fig. 21 ; le porte-aiguille, fig. 22; la pince à pansement, fig. 23; les bougies et les sondes, fig. 24. Les noms et formes des autres instruments, d'un emploi moins usuel, lui seront enseignés au service des blessés.

Les instruments seront rigoureusement nettoyés, préservés de l'humidité et de la poussière. Au moment d'une opération, ils sont stérilisés.

STÉRILISATION DES INSTRUMENTS. — Dans les hôpitaux on se sert de moyens multiples pour détruire les poussières et les miasmes qui ternissent l'absolue propreté des instruments, c'est-à-dire pour les stériliser. Les deux moyens les plus simples et les plus en usage consistent à les plonger pendant quelque temps avant les opérations, soit dans une cuvette chauffée contenant de l'eau bouillante (asepsie), soit dans une dissolution *forte* d'acide phénique (antiseptie). (1)

---

(1) Il y a deux solutions, l'une forte, l'autre

Fig. 19
Bistouri.

Fig. 20
Sonde cannelée.

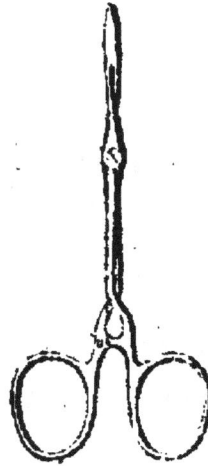

Fig. 21
Pince à torsion.

Fig. 22
Porte-aiguille.

Fig. 23
Pince à pansement.

Fig. 24
Sonde, bougie.

Aussitôt qu'un instrument a servi, il est nettoyé et, s'il doit servir à nouveau, il est replongé dans l'eau bouillante ou dans la dissolution.

LAVAGE DES MAINS. — Avant toute opération, quelle qu'elle soit, qu'il s'a-

---

faible, de l'acide phénique, de même qu'il y en a deux du sublimé corrosif, bichlorure de mercure. L'Infirmier volontaire qui désire en acquérir une connaissance spéciale, apprendra que la dissolution faible d'acide phénique, à 2 1/2 o/o, se compose de :

Acide phénique cristallisé,	25 gr.
Glycérine,	25 gr.
Eau,	1 litre.

la forte, à 5 o/o, de :

Acide phénique cristallisé,	50 gr.
Glycérine,	50 gr.
Eau,	1 litre.

Les deux solutions du sublimé corrosif sont :

la faible :

Sublimé,	1 gr.
Alcool,	1,000 gr.
Eau distillée,	3,000 à 5,000 gr.

la forte, à 1 o/o :

Sublimé,	1 gr.
Alcool,	100 gr.
Eau distillée,	1,000 gr.

gisse d'un pansement ou de servir d'aide au médecin, l'Infirmier volontaire se lavera énergiquement les mains, si propres qu'elles paraissent, pendant 4 à 5 minutes à l'eau chaude, au savon et à la brosse, en veillant surtout à un nettoyage minutieux des on-

Fig. 25

Suture d'une bande.

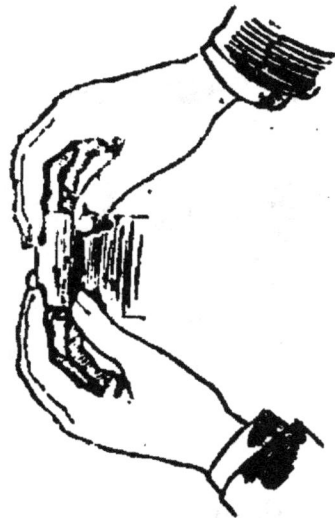

Fig. 26
Enroulement d'une
bande.

gles. Puis il plongera les mains pendant 2 ou 3 minutes dans une dissolution de sublimé ou d'acide phénique faible.

On aura toujours à portée un bassin rempli de l'une ou de l'autre de ces

dissolutions pour y plonger les mains
souillées pendant l'opération.

LES PANSEMENTS SIMPLES ne sont
employés que dans les lésions qui ne
sont accompagnées d'aucune blessure
extérieure, telles que les entorses, les
fractures, etc. Ces pansements se font
au moyen de *bandes* qui diffèrent aussi

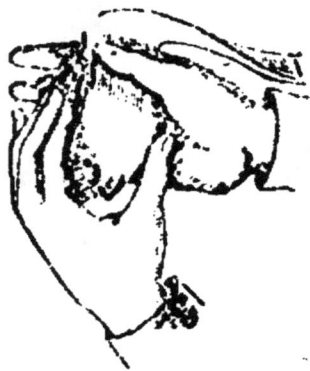 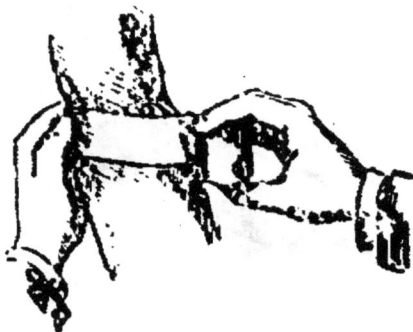

Fig. 27   Fig. 28
Enroulement d'une bande. Application de la bande.

bien en largeur et longueur que selon
les étoffes : toile, coton, flanelle, gaze,
dont elles sont faites. Pour le pansement
d'un doigt on se servira d'une bande
moins large que pour celui d'un bras,
et l'on préférera une bande de flanelle
pour exercer une compression douce à
une bande en toile qui est ferme, rigide.

Les bandes sont ajoutées les unes aux autres au moyen de points croisés, fig. 25; elles sont enroulées comme l'indiquent les figures 26 et 27, et déroulées autour des membres en appuyant dessus selon la pression que l'on désire exercer au moyen du pansement, fig. 28. Lorsque le membre présente une forme conique on se sert du *renversé* afin de ne point faire de godet, fig. 29; d'autres fois, comme pour la cheville on se sert du *bandage croisé* ou *huit de chiffre*, fig. 30. Le bandage terminé, on le fixera de préférence par une épingle anglaise ou de sûreté, fig. 31.

En outre des bandes on se sert dans les pansements simples de la serviette triangulaire, fig. 32; de la serviette ou du mouchoir carré, de coussinets, fig. 33; d'étoupe, de charpie, de mèches de ouate, etc. L'Infirmier volontaire en apprendra l'emploi dans les exercices.

Les bandages sont toujours appliqués de bas en haut, de la main au bras, du pied à la jambe, et d'une manière uniforme. Trop serrés, ils entraînent des accidents graves, trop lâches, ils ne remplissent pas leur but.

Pour le pansement de blessures ou

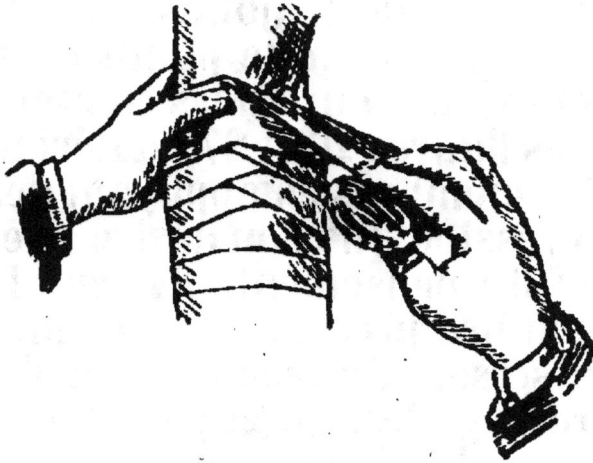

Fig. 29. — Au renversé.

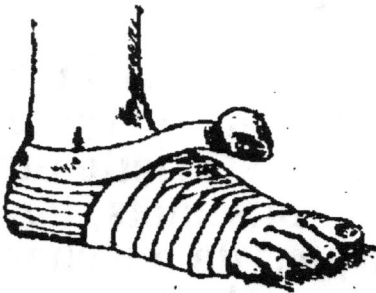

Fig. 30. — Huit de chiffre.

Fig. 31. — Epingle   Fig. 32. — Pansement avec
anglaise ou de sûreté.   la serviette triangulaire.

de plaies on se sert non plus de pansements simples, mais de pansements antiseptiques.

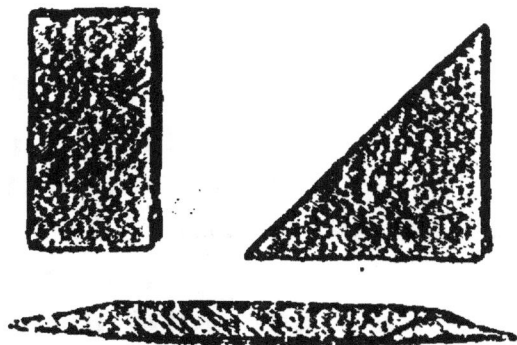

Fig. 33. — Carré ou coussinet, serviette triangulaire, serviette enroulée ou cravate.

PANSEMENT PHÉNIQUÉ. — L'acide phénique a été incorporé à tout le matériel du pansement simple, gaze, ouate, étoupes, charpie. Matériel phéniqué qui, à cause de la volatilité de l'acide, doit être conservé dans des vases clos, et renouvelé fréquemment. Il y a deux solutions ainsi qu'il vient d'être dit, de l'acide phénique, l'une *forte*, l'autre *faible*, que l'Infirmier apprendra à distinguer à la couleur qui leur a été donnée.

La blessure est d'abord soigneusement lavée avec *une éponge stérilisée*, imbibée d'une solution phéniquée faible; le nettoyage achevé, elle est couverte de plusieurs couches de gaze phéniquée, puis largement de ouate également phéniquée, et enfin enveloppée d'un bandage en tarlatane encore phéniqué.

L'acide phénique, surtout la solution forte, exerce une action irritante sur les plaies, irritation que l'on calme au moyen de la *vaseline boriquée*. La même solution produit en outre des effets intoxicants sur l'organisme. L'infirmier volontaire, à défaut d'une instruction spéciale, ne se servira de ce mode de pansement qu'avec une grande prudence, et par ordre du médecin.

PANSEMENT AU SUBLIMÉ. — Il y a pour le sublimé corrosif, ou bichlorure de mercure, également deux solutions, l'une forte, l'autre faible; la première qui sert à stériliser le matériel de pansement, la seconde employée aux irrigations et aux lavages des plaies, et qui se distinguent également par la coloration qui leur a été donnée. Le matériel *sublimé* se conserve mieux que le matériel *phéniqué*, son emploi est donc préférable en temps de guerre. Quant au pansement des plaies, il se fait identiquement de la même manière : lavage avec l'éponge, gaze, ouate et tarlatane sublimés ; mais, ainsi que pour le pansement phéniqué, l'Infirmier volontaire ne s'en servira point sans instruction ou ordre spécial, à cause des irritations et de l'intoxication que le sublimé corrosif peut produire.

Le sublimé attaque les objets métalliques, on n'y plongera donc pas d'instruments. Il attaque de même la peau : après y avoir trempé les mains à la suite d'un pansement ou de l'aide donné pendant une opération, on les lavera dans de l'eau. On observera la même règle à la suite des pansements phéniqués.

PANSEMENT A L'IODOFORME. — L'Iodoforme n'est employé que sous la forme de poudre très fine. On l'étend sur la plaie comme du sel ou du sucre en poudre, par petites secousses, au moyen de la spatule. La plaie est ensuite couverte de gaze, de ouate et de tarlatane iodoformées ou autres de la même manière que dans les pansements phéniqués et sublimés. Malgré sa mauvaise odeur, c'est le meilleur pansement en temps de guerre : il offre le moins de dangers, et son application est la plus aisée ; car la poudre appliquée sur la plaie, du linge et de la ouate propres suffisent pour achever le pansement, qui du reste sera toujours provisoire. Tout premier pansement fait par un Infirmier volontaire doit être revu, sur sa propre demande et le plus tôt possible, par le médecin.

Ce dont l'Infirmier volontaire doit être convaincu avant tout c'est que ces divers pansements n'ont d'autre objet que de donner une propreté parfaite aux blessures, de les isoler de tout contact extérieur. Lors donc que tout le matériel préparé, dont il vient d'être question, lui fait défaut, il doit le remplacer par du linge aussi propre, de la ouate aussi fraîche et de l'eau aussi pure que possible.

Jamais les bandes, les compresses, la charpie des boîtes qui servent aux exercices ne seront employés dans le pansement de la moindre blessure.

APPAREILS. — On a inventé, pour toutes les situations douloureuses du corps et de ses membres, des appareils. Il suffit que l'Infirmier volontaire connaisse les *attelles simples*, *articulées*, *coudées*, fig. 34 et 35, apprenne à

s'en servir dans les exercices, et à les
remplacer en cas de besoin ; de même
des *gouttières*, qui sont des appareils
de forme demi-cylindrique, destinés à
contenir les membres dont elles em-
brassent les demi-circonférences, fig. 36.

   Pour empêcher que les couvertures
ne pèsent sur un membre malade ou

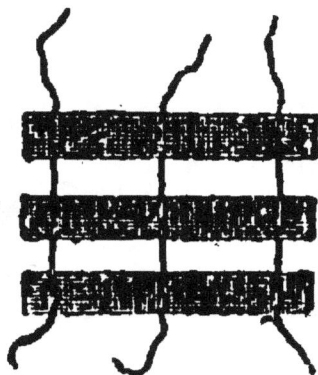

Fig. 34. — Attelles conjuguées.

pansé ou que quelque objet ne le heurte,
l'Infirmier volontaire isolera le membre
malade par des cerceaux ou des ba-
guettes disposés et fixés de manière à
tenir les couvertures en l'air et à protéger le membre malade.

   APPAREILS INAMOVIBLES, amidon-
nés, plâtrés. Ce sont des appareils qui
ont été rendus inamovibles par l'amidon

ou le plâtre dont on a enduit ou couvert les bandages. L'Infirmier volontaire peut apprendre, dans ses exercices, à en

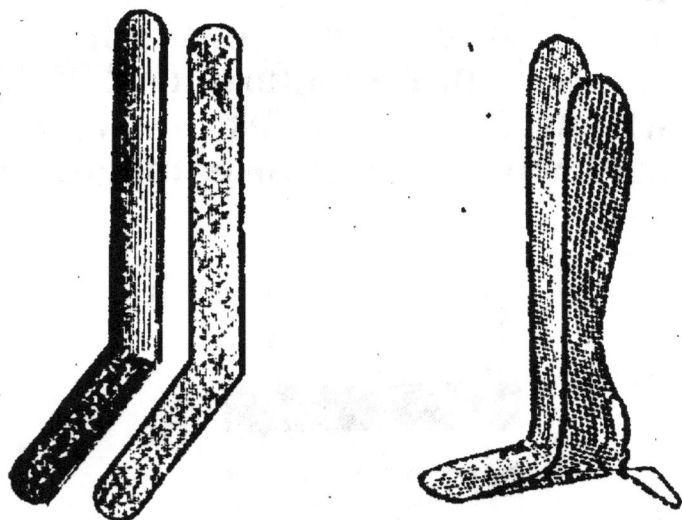

Fig. 35.—Attelles coudées. Fig. 36. — Gouttières.

faire, mais il ne les appliquera que sur l'ordre et sous la direction du médecin.

IV
Accidents et Maladies de la voie publique et de marche.

Emportant leurs armes, entraînant leur matériel, passant les rivières, les soldats en marche sont exposés aux mêmes accidents et indispositions que les particuliers dans les villes sur la voie publique. L'Infirmier volontaire étudiera les unes et les autres, pour qu'en temps de paix, prenant le rôle de Secouriste ou de Sauveteur, il puisse rendre les mêmes services qu'en temps de guerre.

AMPOULES ET ÉCORCHURES DES PIEDS. — L'usage d'ouvrir les ampoules d'un coup d'épingle ou de les traverser d'une aiguille dont on laisse le fil à demeure, doit être abandonné. Dans le premier cas l'ouverture se referme le plus souvent et l'ampoule se reforme; dans le second, une inflammation grave peut en être la suite. On ouvrira de préférence l'ampoule au moyen d'un léger coup de ciseaux, en faisant une incision angulaire, et, après l'avoir comprimée pour en faire sortir le liquide, on l'enduit de vaseline boriquée ou on la saupoudre d'iodoforme, si l'on a l'une ou l'autre de ces substances à sa disposition, puis on la couvre d'une gaze, d'un peu de ouate stérilisées, qu'on enveloppe d'un léger bandage de tarlatane préparée de même. Si ces matériaux font défaut, on se servira d'une matière graisseuse ou onctueuse, beurre, huile, graisse, et de linge, pourvu que celui-ci soit propre et la première fraîche. Dans tous les cas on se gardera bien d'enlever ou de couper la peau de l'ampoule, elle forme à elle seule la meilleure couverture.

En cas d'écorchures, on appliquera les règles des pansements antiseptiques des plaies : lavages, etc.; précisément parce que la couverture de la peau a disparu.

CONTUSIONS. — Elles proviennent de coups, chutes, tamponnages, écrasements, et consistent souvent dans une simple rupture des vaisseaux capillaires de la peau, suivie de gonflement; mais parfois aussi elles sont compliquées de lésions intérieures. Dans le premier cas on place une compresse mouillée, froide, sur la partie contusionnée, ou bien on la comprime au moyen d'un bandage, afin d'empêcher la continuation de l'extravasation sanguine. Si la contusion est suivie d'un étourdissement, on donnera un réconfortant : eau-de-vie, vin, café. Si les symptômes sont plus graves, accompagnés de prostration des forces ou bien d'évanouissement, si le blessé se plaint de douleurs vives intérieures, crache ou vomit du sang, c'est que les poumons ou les grands vaisseaux ont été lésés; ou, s'il vomit des matières fécales, c'est que les intestins l'ont été. Dans tous ces cas l'Infirmier volontaire observera les règles suivantes : 1· Il fera appeler le plus rapidement possible un médecin; 2· en l'attendant il desserrera ou délacera les vêtements, col de chemise, ceinture, corset; 3· il couchera le malade avec soin, *la tête au même niveau que le corps;* 4· il l'aspergera d'eau froide si le pouls est arrêté; et, si le médecin tarde à venir, il le portera avec quelque aide au lieu de secours le plus voisin.

FRACTURES — Les os, étant solides et cassants, sont seuls exposés aux fractures.

Elles sont *simples* ou *compliquées.* Les fractures simples se reconnaissent: 1º à la déviation ou au raccourcissement du membre, 2º au mouvement anormal qu'il est susceptible de faire, 3· à la douleur, 4· au bruit que font les deux parties de l'os fracturé par le frottement de l'une sur l'autre, fig. 37.

Les fractures compliquées sont ac-

compagnées soit d'une blessure extérieure, soit de lésion intérieure, tantôt
parce que l'os lui-même s'est brisé en
morceaux multiples, tan-
tôt parce que quelque or-
gane voisin de la fracture
a été lésé également.

En l'absence d'un mé-
decin, on appliquera dans
tous les cas indistinctement
un pansement provisoire:
1· on ôtera, si c'est très
facile, sinon on déchirera
ou coupera les vêtement,
chaussure, gant du mem-
bre fracturé; 2° s'il existe
une blessure extérieure,
on la traitera d'après les
règles des pansements an-
tiseptiques; 3° on exercera
une légère traction sur le
membre de l'os fracturé

Fig. 37.
Fracture
du fémur.

de façon à lui donner les mêmes position
et longueur que celles du membre sain;
4° un tiers maintiendra le membre
dans cette situation, pendant qu'on
appliquera les bandes, coussinets et
attelles, ainsi qu'il aura été enseigné
aux exercices, fig. 38 et 39; et, si c'est

possible, on évitera de couvrir par le
pansement de la fracture la blessure
pansée.

Fig. 38. — Bandage de la main.

Fig. 39 — Bandage du bras.

PANSEMENTS IMPROVISÉS. — Lorsque le matériel nécessaire à un pansement régulier d'une fracture fait défaut
on se servira de tous les objets qui peuvent le remplacer. Les morceaux du
vêtement ou de la chemise, un mouchoir, des rubans, la cravate, des
ficelles, des cordes, remplaceront les
bandes. Les pièces de bois, règles, fais-
ceaux de paille, ou, sur le champ de

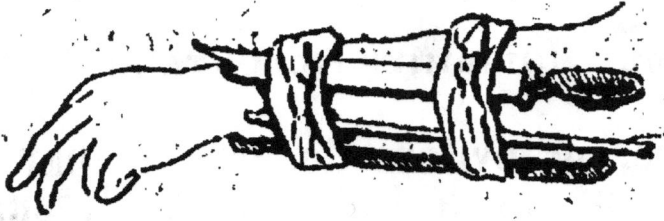

Fig. 40.

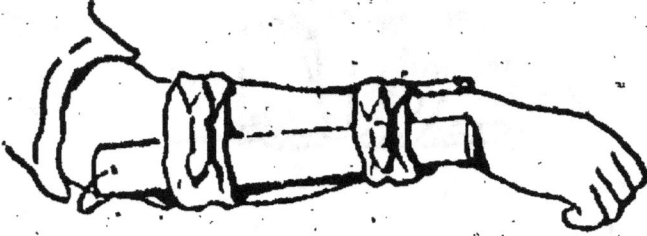

Fig. 41.

Fig. 42.   Fig. 43.

bataille, les sabres, baïonnettes, four-
reaux, les branches d'arbres, seront
employés comme attelles. Des pièces de
vêtements pliés, des étoupes, des pelotes
de ouate ou de charpie, au besoin du
foin, de la paille, rendront le service de
coussinets. Fig. 40, 41, 42, 43.

Dans le cas où toutes ces ressources
feraient défaut, ou bien si les circons-

Fig. 44.

tances ou la situation du blessé ne permettent pas d'aller les chercher, on se
contentera d'attacher le membre fracturé, lorsque c'est une jambe à la jambe
saine, lorsque c'est un bras à la poitrine, fig. 44.

Le pansement, régulier ou improvisé,
achevé, on installera le malade dans
une voiture ou sur un brancard, le plus

commodément possible ; à leur défaut, on le portera à l'aide d'un tiers, à bras, à l'endroit le plus proche, où il puisse recevoir les soins du médecin.

LUXATIONS. — Les luxations se produisent dans les mêmes conditions et à la suite des mêmes causes que les fractures : saut, chute, coups ; mais, ayant lieu dans les articulations, ce sont les ligaments et capsules qui sont rompus sans que les os soient brisés. Ces derniers ne sont que déplacés. Les luxations se reconnaissent : 1° au changement de formes de l'articulation luxée, laquelle saute souvent aux yeux en la comparant à l'articulation saine correspondante; 2° au degré moindre de mobilité ; 3° à la douleur que provoque tout essai de mouvoir le membre.

Les luxations devront être réduites le plus rapidement possible, à cause de l'extravasation sanguine qui, le plus souvent, les accompagne. L'Infirmier volontaire *évitera toute tentative de réduction;* mais il couvrira la partie luxée d'une compresse d'eau froide, soutiendra le membre au moyen d'un bandage approprié, et, selon l'état du malade, le fera conduire ou porter, s'il ne peut y concourir lui-même, à l'endroit où il puisse recevoir les soins du médecin.

ENTORSES. — Les entorses sont des luxations réduites spontanément comme par un choc en retour. *L'articulation n'est point déformée*, mais à cause de la rupture des ligaments et enveloppes, et de la déchirure des vaisseaux qui s'ensuit, un gonflement rapide se prononce et la partie reste douloureuse.

On enveloppe l'articulation de linge mouillé, et, si le malade peut être transporté, on le conduira chez le médecin. Dans le cas contraire on fera des compresses d'eau froide renouvelées, et lorsque le gonflement paraîtra devenu stationnaire, on appliquera un bandage approprié. Si le malade se trouve dans la nécessité absolue de continuer sa route, on remplacera le premier bandage de l'entorse du pied, par un autre plus ferme au bout d'une heure, et celui-ci par un plus ferme encore après la deuxième heure, *bandage à compression progressive*, jusqu'à ce que le malade se sente capable de continuer sa route.

On ne massera l'articulation que sur l'ordre et d'après les indications précises du médecin. Les changements de couleur de l'articulation, qui de noire devient bleue, verte, jaune, sont sans importance, n'étant que l'effet de la co-agulation du sang et de sa résorption.

BRULURES. — Le feu, les liquides bouillants et leurs vapeurs, les métaux fondus, certaines substances par leur action chimique, provoquent des brûlures. Si multiples que soient les causes des brûlures et par suite leur traitement, les effets qu'elles produisent diffèrent peu entre eux.

On distingue les brûlures selon leur intensité en trois degrés. Celles du premier degré ne présentent qu'une rougeur douloureuse avec inflammation superficielle ; celles du deuxième degré sont caractérisées par la formation d'ampoules, et celles du troisième degré sont accompagnées d'escarres produites par la carbonisation de la peau et des chairs.

En cas d'incendie des vêtements le premier et le plus utile secours est le sang-froid. Au lieu de courir chercher de l'eau, on étouffe la flamme si elle est peu considérable avec les mains au risque de se brûler soi-même ; risque peu grave si on agit rapidement. Si le

feu a envahi, des parties entières des
vêtements, il faut jeter la personne à
terre et la rouler, quand le restant des
vêtements suffit pour la couvrir, sinon on
arrachera les draps, les couvertures, les
rideaux, de quoi l'envelopper complète-
tement et on la roulera à terre jusqu'à
ce que les flammes soient éteintes.

Puis on prendra l'eau cherchée ou
apportée que l'on versera en abondance
sur la personne brûlée, quand même il
n'y aurait plus de flammes, de peur que
les chairs carbonisées continuent à
brûler les chairs saines. Ensuite, seulement, on portera la victime dans une
salle *chauffée*, on l'étendra sur une table ou sur une planche, en même temps
qu'on fera appeler le médecin. Si elle
demande à boire, on lui donnera une
boisson chaude, du thé, un grog. Une
chambre *froide*, des boissons *fraîches*,
ne feraient qu'empirer le refroidissement considérable que les victimes
éprouvent à la suite de brûlures étendues.

On ôtera ensuite les vêtements avec la
plus grande prudence, en les coupant aux
ciseaux ou au couteau, de manière
qu'ils tombent d'eux-mêmes. Aucune

pièce ne doit être tirée ou arrachée, de crainte de rompre les ampoules qui empêchent aussi bien l'inflammation que l'infection des blessures qu'elles couvrent. Ce n'est que lorsqu'elles sont tendues qu'on peut les ouvrir avec une aiguille, stérilisée si c'est possible, et les couvrir de gaze, de ouate et de bandes antiseptiques.

En s'efforçant de calmer les souffrances, on évitera de plonger les membres brûlés dans de l'eau froide, ou de les couvrir de compresses froides; l'un et l'autre ne feraient qu'accroître les souffrances.

La vaseline boriquée et la glycérine rendent les plus grands services pour couvrir les plaies. Les pansements antiseptiques, si les plaies sont quelque peu étendues, seront appliqués *avec la plus grande prudence*. Dans les cas où les ressources pharmaceutiques font défaut, et en l'absence d'un médecin, on couvrira les parties brûlées d'huile d'olive, de blanc d'œuf, ou de graisse, de beurre, de saindoux frais; au besoin on peut se servir de colle forte en dissolution. On peut de même les saupoudrer de farine, de poudre de charbon, de bicarbonate de soude; la ouate décortiquée peut encore servir au même but.

Les pansements seront ôtés avec la même prudence que les vêtements, pour être aussitôt remplacés.

Les brûlures sont d'autant plus dangereuses qu'elles sont, non pas plus profondes, mais plus étendues. Lorsque les brûlures sont par trop étendues, on mettra le malade dans un bain chaud, et on insistera sur l'arrivée rapide, urgente du médecin.

Quand les brûlures sont provoquées par la chute dans de la chaux vive, dans une lessive de potasse, le brûlé, retiré aussitôt, sera arrosé abondamment d'eau, ou même jeté dans l'eau. Et si les parties brûlées sont moins considérables, on les lavera avec des acides en dissolution, du vinaigre, de l'acide sulfurique étendu. Quand, au contraire, les brûlures sont occasionnées par des acides corrodants (acide sulfurique, azotique, chlorhydrique), on les arrosera encore avec de l'eau, mais on emploiera des alcalis en dissolution (bicarbonate de soude, lait de chaux, savon noir), afin d'en détruire les effets. Dans les deux cas, on traitera ensuite les brûlures d'après les indications données plus haut.

SECOURS AUX NOYÉS. — Les enfants devraient apprendre à nager comme ils apprennent à lire et à écrire. Cela leur serait du reste infiniment plus facile. Il suffit qu'un enfant sache *respirer la poitrine gonflée* (par le diaphragme) pour que, placé sur le dos dans l'eau, il flotte comme un morceau de bois; d'où l'expression faire la planche. Il n'y a que le soulèvement des bras ou les mouvements désordonnés qui puissent le faire plonger. Familiarisé avec l'eau, les mouvements qu'il lui reste à apprendre pour nager effectivement, sans tenir la poitrine gonflée, sont simplement ceux que toute grenouille accomplit d'instinct. Il faut bien se dire que ce sont les mouvements désordonnés qui sont le plus grand danger pour ceux qui, ne sachant pas nager, tombent à l'eau, et qu'ils sont également le plus grand danger pour ceux qui, sachant nager, veulent les sauver. Le noyé se cramponne après le sauveteur, enlace ses bras, entrave les mouvements de ses jambes, et tous deux se noient ensemble.

Lors donc que l'on veut, sachant nager, sauver une personne tombée à l'eau, il faut, en s'approchant d'elle, l'engager à se tenir tranquille, à avoir confiance. Si dans sa terreur elle n'écoute pas ces conseils et se cramponne au nageur, celui-ci plongera aussitôt, et profitera du premier étourdissement pour se dégager et saisir par un bout des vêtements ou par les cheveux la personne au point de se noyer, afin de la ramener à la berge.

Quand l'accident est survenu dans de l'eau courante, le sauveteur se jettera dans la rivière *en amont* de la personne tombée, si elle se soutient encore à la superficie, et *en aval* si elle a disparu. Et il la ramènera à la berge en se laissant aller au courant, de crainte d'épuiser ses forces en luttant contre lui. Enfin, à moins d'être très bon nageur, il se défera de ses chaussures et de ses vêtements les plus gênants avant d'essayer le sauvetage.

Lorsqu'on ne sait pas nager et que l'on n'a ni anneau ni bouée de sauvetage pour jeter à la personne tombée à l'eau, on tendra une rame, une perche, on jettera une corde, on glissera sur l'eau une planche, une échelle, pour parvenir jusqu'à elle, ou si elle est suffisamment proche, on ôtera son habit qu'on lui jettera en le retenant par une manche.

En hiver, les chutes dans l'eau à la suite d'une rupture de la glace, sont particulièrement dangereuses. Si la glace est trop faible pour qu'on puisse approcher, le sauveteur glissera vers la victime de l'accident à plat ventre, ou avancera une planche, une échelle vers elle pour pouvoir l'atteindre, ou bien il lui jettera une corde roulée en boule. Lorsqu'elle a disparu sous la glace, le sauvetage devient d'une difficulté extrême. Avec une corde attachée autour du corps un bon plongeur peut chercher à l'atteindre sous la glace, de même qu'au moyen d'une corde attachée à une rame, une perche, une botte de paille, qui restent fixées à l'ouverture.

SOINS A DONNER AUX NOYÉS. — Si, ramenée sur la berge, la personne tombée à l'eau a conservé toute sa conscience, des vêtements chauds et une course rapide la remettront complètement.

Si, au contraire, elle a perdu conscience, mais conserve une respiration lente, si la bouche est fermée sans salive ni liquide trouble ou mousseux, alors elle s'est effectivement évanouie de frayeur en tombant, ou avant de disparaître sous l'eau. Sa respiration est restée lente, le larynx s'est fermé, l'eau n'a point pénétré dans les poumons et elle n'en a guère avalé. Noyée dans ces conditions, elle revient aux premiers soins à la vie, même après un assez long séjour dans l'eau.

Enfin, l'asphyxie proprement dite peut être survenue à la suite de l'immersion : l'eau a pénétré à la place de l'air dans les poumons, une quantité considérable en a été avalée, la figure est gonflée, de couleur livide, les lèvres sont bleues, les yeux injectés ; la bouche renferme du liquide trouble, mousseux ; toute trace de respiration a disparu.

Ramené à la berge dans cet état on portera le noyé, en cas de mauvais temps ou de grand froid, sous le premier abri venu ; on lui ôtera de la bouche et du nez le sable, les herbes qu'ils pourraient renfermer, et on le déshabillera jusqu'à la ceinture. De ses vêtements on fera un coussinet sur lequel on placera le corps par le ventre, *la tête tournée de côté*; si l'on est assez fort on peut le prendre sur un genou, fig. 45; puis on

Fig. 45.

exercera sur le dos deux ou trois fortes pressions des mains, afin de lui faire rendre le liquide absorbé, en réalité pour donner deux ou trois fortes secousses au diaphragme desquelles peut renaître aussitôt la respiration. Si le moyen, dans son exécution rapide, n'a point réussi on retournera le noyé pour procéder immédiatement aux manœuvres de la respiration artificielle, ainsi qu'aux frictions nécessaires au rétablissement de la circulation sanguine et de la sensibilité :

1° On excitera les muqueuses du nez, de la bouche, du pharynx, avec une plume, du tabac. On attirera la langue avec un linge et on maintiendra la bouche ouverte au moyen d'un bouchon ou d'un morceau de bois placé entre les dents.

2° Après avoir dépouillé le noyé de tous ses vêtements, un aide l'aspergera d'eau chaude ; à défaut d'eau chaude, il frictionnera vivement tous les membres avec de la flanelle, pendant qu'un autre aide frappera la poitrine avec un linge humide.

3° Soi-même on procédera à l'exécution des mouvements de la respiration artificielle. Elle se fait de deux manières. Si l'on est vigoureux des bras, on comprimera fortement les deux côtés du thorax qu'on laissera ensuite revenir à sa position naturelle; ou bien, si l'on est plus adroit que vigoureux, on se placera à la tête du noyé, on lui saisira les deux coudes, et l'on soulèvera les bras au-dessus de la tête où on les maintiendra pendant deux secondes, fig. 46; puis on ramènera les coudes le long du

Fig. 46.

corps pour les y laisser deux nouvelles

Fig. 47.

secondes, fig. 47. Les mêmes mouvements réguliers, uniformes, pourront être exécutés également par deux personnes, fig. 48. Ils le seront durant une heure environ, pendant qu'un ou deux aides continueront à frotter le corps avec des flanelles.

Fig. 48.

Il est une dernière méthode qui consiste dans des tractions régulières exercées sur la langue du noyé. En l'absence du médecin, on ne la tentera pas.

Les premiers signes de respiration étant revenus, on placera le sauvé dans un lit chaud, enveloppé de flanelles, de draps, de couvertures chauffées, on lui mettra des cruches ou des bouteilles d'eau chaude aux pieds, sur le ventre, et s'il peut avaler, on lui administrera par cuillerées à café des boissons chaudes, eau, thé, café, vin, grog, jusqu'à son complet rétablissement.

INSOLATIONS. — A l'exception des coups de soleil anodins, dont il suffit de couvrir la rougeur avec de l'huile d'olive, de la crème, de la glycérine, pour faire disparaître l'inflammation et calmer la douleur, les insolations sont aussi rares en temps de paix qu'elles sont nombreuses pendant les grandes manœuvres et en temps de guerre.

Dans les marches forcées, en colonnes serrées, épuisés parfois de faim, de soif, accablés par les rayons d'un soleil ardent ou étouffés dans une atmosphère surchargée, les soldats perdent connaissance, tombent comme des masses inertes ; c'est l'insolation. Elle est aisée à reconnaître dans ses commencements. Le soldat se plaint de fatigue, de soif, de vertige ou d'oppression, sa respiration est haletante, la peau chaude, le pouls faible et rapide, la voix rauque. A ce moment il suffit de le faire sortir des rangs, de le débarrasser de son équipement, d'ouvrir les parties serrées de ses vêtements et de lui donner une boisson rafraîchissante pour qu'aussitôt il reprenne sa vigueur et sa gaieté.

Si au contraire les symptômes et les causes dont ils proviennent persistent, il arrive forcément un moment où le soldat tombe sans connaissance les yeux fixes, la face injectée, la peau brûlante, la respiration plutôt râlante que rapide, le pouls à la fois faible et accéléré. Porté à l'ombre ou dans un endroit couvert, on le débarrassera de ses vêtements, et, soulevant la poitrine et la tête, on les arrosera d'eau fraîche ou on les enveloppera de compresses froides; au besoin on l'éventera et on lui fera prendre de l'eau fraîche.

S'il ne revient aussitôt à lui-même, on lui fera faire les mouvements de la respiration artificielle et respirer des sels, on frottera ses pieds, ses mains, et on lui administrera de l'eau-de-vie ou du vin. Si ces moyens ne sont pas rapidement et énergiquement employés les symptômes de la congestion pulmonaire s'aggravent, la respiration devient de plus en plus râlante, une écume blanche paraît à la bouche, et il meurt dans les crampes.

SECOURS AUX SOLDATS ET PER-

SONNES GELÉS. — Non seulement par les grands froids, mais lorsqu'il règne un vent vif par les froids médiocres, l'homme et surtout le soldat fatigué par la marche, épuisé par les privations, qui se repose ou s'endort le long de la route, s'engourdit, perd insensiblement la chaleur du corps et avec elle la vie. Ce n'est que si la neige est assez haute pour qu'il puisse se glisser sous elle, ou qu'elle tombe avec abondance pendant son sommeil pour le protéger contre le froid et le vent du dehors, que le danger est moindre.

Dans le cas contraire, la peau devient de plus en plus froide, pâle, les narines, la bouche, les mains, les pieds livides, et si, finalement, le pouls et la respiration sont sur le point de s'arrêter, il n'y a plus que des soins aussi prudents qu'avisés qui puissent le ramener à la vie. Porté avec quelque rudesse, ses membres roidis cassent au moindre choc, et *mis dans une chambre chauffée, il meurt sûrement.* Il doit donc être enlevé doucement et porté dans une chambre fermée mais froide. On lui ôtera ses vêtements avec les plus grands soins, et si l'on a de la neige on en couvrira le

corps entier pour l'en frotter vivement.
A défaut de neige, on se servira de linges humides, froids, au besoin de sable
froid; on peut aussi le placer dans un
bain froid si l'on dispose d'une bai-
gnoire; puis on lui fera accomplir
méthodiquement les mouvements de la
respiration artificielle. Ce n'est que
lorsqu'il commence à respirer et que
ses membres se sont assouplis qu'on
pourra le transporter dans une chambre
médiocrement chauffée pour y continuer
les frictions avec des linges froids; et
ce n'est que peu à peu qu'on les remplacera par des linges ou de la flanelle
chauffés; en même temps on élèvera la
température de la chambre, on lui fera
respirer des sels, à leur défaut des
oignons coupés et autres excitants des
muqueuses, et on lui administrera à
petites doses des boissons stimulantes,
du vin, du café, du thé froids.

Parfois l'une ou l'autre des parties
extérieures du corps reste gelée. D'autres fois ce sont le nez, les oreilles, les
mains, les pieds, qui ont été gelés sans
que le corps l'ait été. Les frictions avec
de la neige ou des linges humides,
froids, rendent dans ces circonstances

les mêmes services en rétablissant la circulation sanguine. Si, malgré ces soins, la partie ou les parties gelées restent froides, insensibles, deviennent bleues, gonflent, se couvrent d'ampoules, c'est leur gangrène qui commence. On les enveloppera de bandages en les maintenant dans une situation élevée en attendant l'arrivée du médecin.

ASPHYXIES. — En dehors de l'asphyxie provenant de l'immersion, il en est un grand nombre qui proviennent de la respiration de gaz nuisibles : du gaz de lumière à la suite de rupture, de fuite ou d'ouverture imprudente des tuyaux ; des gaz de fosses d'aisances, d'égouts, d'anciennes citernes, des gaz de mines (acide sulfhydrique et autres); du gaz émanant de chaufferettes, réchauds, poëles (oxyde de carbone); du gaz développé dans les caves par du vin ou de la bière en fermentation, ou dans des lieux fermés où se trouvent entassées un grand nombre de personnes, des prisonniers, etc. (acide carbonique).

Ceux qui respirent ces gaz en quantités trop fortes, que ce soit à l'état de veille ou de sommeil, commencent par se sentir étourdis, leur respiration devient de plus en plus difficile, ils s'évanouissent et, sans des secours rapides, succombent.

Les secours sont de deux sortes. Les premiers concernent les précautions à prendre pour arriver jusqu'à l'asphyxié; les seconds se rapportent aux soins à lui donner. Ces derniers sont les mêmes que ceux que l'on doit donner aux noyés, voir *les secours aux noyés;* les premiers varient avec les cas et les circonstances, et exigent non moins de prudence que de sang-froid.

Lorsqu'il s'agit de descendre dans une fosse dont les gaz délétères ont déjà fait une ou plusieurs victimes, on commencera, de crainte d'être saisi également d'une suffocation subite, par y jeter de la paille, du papier allumés, de l'eau chaude; on y tirera des coups de pistolet à poudre, on fera tout pour provoquer une circulation de l'air vicié. Puis on se fera descendre ou l'on descendra dans la fosse avec une corde attachée autour du corps, une autre attachée à la main, pour qu'au moindre mouvement de cette dernière on soit immédiatement retiré. Parvenu au fond, on se fait jeter des cordes, selon le nombre des victimes, et chacune d'elles aussitôt, soigneusement liée, est ramenée au grand air.

Pour pénétrer dans une chambre dont l'atmosphère est saturée de gaz de lumière, on brisera les fenêtres, du dehors si c'est possible, sinon on s'enveloppera le nez et la bouche de linges trempés dans du vinaigre ou du lait de chaux pour traverser la pièce et les briser de l'intérieur, et l'on ne touchera à l'asphyxié qu'après le rétablissement de la circulation de l'air libre par les portes et fenêtres ouvertes. Dans la nuit on agira de même, *mais sans lumière*, de crainte d'une explosion.

Dans les lieux dont l'atmosphère a été viciée par de l'oxyde de carbone ou de l'acide carbonique, l'explosion n'est point à redouter, mais on agira de même pour l'ouverture des portes et fenêtres que dans le cas précédent.

Ce n'est qu'après avoir rétabli la circulation *d'un air sain* qu'on peut donner avec succès ses soins aux asphyxiés par des gaz nuisibles.

L'asphyxie peut être provoquée encore par la simple obturation des organes respiratoires, par des objets ou des aliments avalés en trop gros morceaux qui compriment le larynx sans parvenir à descendre par l'œsophage. Il faut en ce cas, et sans hésiter, introduire dans la bouche de la victime d'un tel accident, l'indicateur et le pouce pour saisir et retirer l'objet. Si l'on n'y parvient point, on lui fait appuyer fortement le ventre contre une chaise, une table, un meuble, et on la frappe à coups redoublés du poing entre les deux épaules. Ces chocs peuvent, avec la compression de l'air des poumons, faire rejeter l'objet. Si le dernier moyen ne réussit pas davantage, on fera immédiatement appeler le médecin.

La strangulation accidentelle ou volontaire entraîne les mêmes phénomènes et les mêmes suites que toutes les asphyxies. On coupera ou détachera les liens, cause de la strangulation, sans laisser tomber le corps, et, déposé à terre, on procédera comme dans tous les autres cas d'asphyxie, aux manœuvres de la respiration artificielle, afin de provoquer le retour de la respiration et de la circulation sanguine.

ÉVANOUISSEMENTS. — Les évanouissements, qui ont d'autres causes qu'une simple émotion, sont le plus souvent les suites d'un état maladif, attaques de nerfs, attaques épileptiques. Tous ont pour symptômes communs la disparition des mouvements volontaires et la perte de la sensibilité; les bras soulevés retombent, la peau pincée ou piquée ne provoque aucun signe de douleur.

Lorsqu'un évanouissement succède à une cause *accidentelle*, à un choc ou à une lésion cérébrale, à une perte de sang, *on fera aussitôt appeler le médecin*. En l'attendant, on donnera à la personne évanouie les mêmes soins que dans les cas d'attaques de nerfs ou d'attaques épileptiformes. On la couchera à terre, on délacera ou l'on coupera les parties serrées de ses vêtements, cravate, col, boutons de chemise, ceinture, corset; on ouvrira les fenêtres pour lui donner de l'air. Si la figure est *rouge*, si les yeux sont *injectés*, on soulèvera la tête au moyen d'un coussin, et, en cas de vomissements, on la tournera de côté, afin que les matières vomies ne pénètrent point dans les bronches. Si la respiration s'est arrêtée, ce dont on s'assurera par une glace, une plaque de métal poli mise devant la bouche, on pratiquera les manœuvres de la respiration artificielle.

Si la figure reste pâle, exangue, dans les évanouissements simples comme dans ceux accompagnés de mouvements désordonnés, attaque de nerfs, épilepsie, on laissera la tête couchée au niveau du corps, et, après avoir délacé les vêtements, on lavera la figure avec du vinaigre, on aspergera la poitrine d'eau fraîche, on donnera du sel ammoniac à respirer, quelques cuillerées de vin, d'eau-de-vie, de café ou de thé à boire. Si l'évanouissement est accompagné de mouvements désordonnés, on ouvrira la bouche du malade et on la maintiendra ouverte au moyen d'un bouchon ou d'un morceau de bois, afin d'éviter qu'il se morde la langue; du reste on laissera les mouvements s'accomplir librement en empêchant seulement que le malade se fasse mal à lui-même, et, le laissant à terre, on attendra tranquillement la fin de l'attaque.

COLIQUES, douleurs abdominales vives, mobiles, qui peuvent s'étendre du creux de l'estomac jusque dans toutes

les parties du ventre, et provenir de
causes tellement différentes que le médecin seul est appelé à les reconnaître.
Ce que le sauveteur, le secouriste, l'Infirmier volontaire doit savoir, c'est que
les coliques se distinguent en deux
grandes espèces dont les différences
ont une importance très grande en
temps de guerre: l'une qui est inoffen-
sive et dont les douleurs se calment
facilement, l'autre qui peut entraîner
les conséquences les plus graves, non
seulement pour le soldat qui souffre,
mais pour l'armée entière.

La vie des camps, les marches forcées, les changements de température
subits, l'altération de la nourriture ou
des boissons, exposent les soldats à
l'une et à l'autre espèces de coliques.
Tant qu'il conserve sa bonne mine, se
sent vigoureux malgré ses douleurs,
qu'il n'a point de fièvre et conserve la
peau fraîche, quelques compresses chaudes sur le ventre, une infusion d'anis,
de menthe ou d'angélique, et le repos
au lit le remettront promptement. Mais
du moment qu'il est pâle, défait, qu'il
sent ses forces se perdre, que les coliques sont accompagnées de maux de

tête, la peau sèche, brûlante, le regard éteint, on le placera immédiatement dans une chambre propre *et isolée*, on lui donnera des boissons émollientes, et pour toute nourriture du lait et du bouillon. Sa chambre sera souvent et bien aérée, toutes ses déjections brûlées immédiatement et avec soin, jusqu'à l'arrivée du médecin qui fera les prescriptions et ordonnera les remèdes nécessaires.

Si le malade, en même temps qu'il se plaint de coliques, rejette tous les aliments et boissons ou même les matières fécales, on se hâtera d'appeler le médecin et *d'insister sur son arrivée immédiate.*

C'est en soignant bien les soldats en marche, dans les villages, les fermes, les habitations isolées, qu'on évite l'accumulation des malades dans les camps et les villes, ainsi que les dangers graves qui résultent de leur accumulation : les épidémies, les infections générales.

DIARRHÉE. — Il en est de la diarrhée comme des coliques, qui du reste l'accompagnent le plus souvent. Il faut néanmoins distinguer les unes les autres, car des diarrhées dangereuses peuvent se présenter à la suite de coliques très faibles, et des coliques graves n'être point suivies de diarrhée. Mais, de même que les coliques, les diarrhées peuvent être, tantôt de nature fort bénigne, tantôt présenter de grands dangers, dangers qui deviennent d'autant plus considérables que le mal s'étend à un plus grand nombre de soldats.

Si le soldat qui souffre de la diarrhée conserve l'air sain, de même que ses forces, le mal est passager. Il suffira de lui couvrir le bas ventre avec des linges ou des flanelles chauffés, de lui donner des boissons stimulantes, vin, grog chauds, une infusion de menthe, ou, à petites doses, par cuillerées à café, *de la poudre de rhubarbe*, si l'on peut s'en procurer, pour qu'après peu de temps et quelque repos il se trouve entièrement remis.

Lorsqu'au contraire il est pâle, défait, se traîne péniblement, a des selles abondantes, douloureuses, on le couchera chaudement en laissant les fenêtres de la chambre ouvertes, ou, en cas de courant d'air, on en brisera les carreaux supérieurs. On lui donnera une nourriture légère, lait, bouillon, des boissons émollientes, de l'eau d'orge, et l'on se procurera, dans la pharmacie la plus voisine, de la *magnésie* ou du *bismuth* dont on lui donnera par jour une cuillerée à soupe, matin, midi et soir, en attendant l'arrivée du médecin. On brûlera soigneusement les garde-robes ; le vase sera lavé dans de l'eau bouillante.

TOUX. — Ainsi que la diarrhée et les coliques, la toux provient de causes fort diverses. Elle peut n'être que l'effet d'un refroidissement, qui n'entraîne que des conséquences passagères, ou présenter les symptômes d'un mal grave. En l'absence d'un médecin, on soignera le soldat pris d'une toux persistante, ordinairement douloureuse, en le mettant dans une chambre chaude, bien aérée, en lui donnant des boissons émollientes, thés, sirops, une nourriture fortifiante, viandes, pain, légumes.

Si, au contraire, la toux est sèche, courte, accompagnée d'expectorations plus ou moins abondantes et troubles, en même temps que de frissons ou de fièvre, et si la respiration est courte, opprimée, on lui donnera encore une nourriture fortifiante, mais on soignera que l'air de la chambre soit renouvelé le plus souvent possible si la saison ne permet pas de laisser les fenêtres ouvertes. Les crachats seront recueillis dans un vase couvert, dans lequel on aura versé de l'eau phéniquée, si on en a à sa possession, puis brûlés, et le vase lavé dans de l'eau bouillante. Le médecin seul décidera des autres soins à donner.

FIÈVRES. — La plupart des maladies sont accompagnées de fièvre, c'est-à-dire d'une accélération du pouls et d'une augmentation de la chaleur de la peau. Nous n'entendons parler ici que de la maladie dont c'est le symptôme principal, de la fièvre intermittente ou paludéenne, à laquelle les soldats en campagne sont particulièrement exposés. Elle se reconnaît aux accès qui reviennent à des heures régulières, pendant lesquels le malade passe alternativement à travers des frissons de froid qui font claquer ses dents, et des excès de chaleur qui provoquent une transpiration abondante. En l'absence d'un médecin, le premier soin de l'Infirmier volontaire sera de courir à la pharmacie la plus voisine, pour demander du *sulfate de quinine*, dosé pour les

hommes adultes en petits paquets par
le pharmacien lui-même. Chaque pa-
quet, versé dans du café noir, sera donné au malade quelques instants avant
qu'un accès ne le reprenne. Ce traitement si simple peut, en quelques jours,
avec une nourriture légère mais fortifiante, enrayer complètement la maladie.

EMPOISONNEMENTS. — Ils survien-
nent après l'absorption de matières des-
tructives de l'organisme. Ces matières se
distinguent en deux grandes classes : les
unes sont des poisons qui brûlent et
corrodent les tissus, tels que les *acides
sulfurique, nitrique, phosphorique,* ou les
sels, tels que *la chaux vive, l'eau de Javel,*
etc. Les autres sont les poisons narco-
tiques, *l'opium, la morphine.* Dans la vie
civile comme dans la vie militaire, à la
maison comme dans les ambulances, on
est exposé à en absorber par accident
ou imprudence.

Quel que soit le poison absorbé, on
fera immédiatement appeler le médecin
le plus proche et, en l'attendant, on
s'efforcera de faire vomir le malade en
excitant le pharynx au moyen d'une
plume, du doigt; on lui fera avaler le

plus d'eau possible, chaude ou froide, pendant qu'on fera chercher à la pharmacie la plus voisine un vomitif, *ipéca, sulfate de zinc, tartre stibié*. Si le poison absorbé est un sel, on donnera des boissons acidulées, du *vinaigre*, du *jus de citron*; si c'est un acide, de la *chaux* ou de la *magnésie*, de la *soude* ou de la *potasse* dissoutes dans de l'eau qu'on fait avaler au malade. Dans le but de protéger la bouche et l'œsophage, pour qu'à la suite des vomissements les brûlures ne prennent pas plus d'extension, on lui donnera à boire, avant et après, de l'huile ou du blanc d'œuf, du lait ou de la farine en dissolution.

Si le poison absorbé est un narcotique, on pratiquera les mêmes tentatives de vomissement, et on donnera du café noir ou du thé très forts à boire, et, si l'action du poison se prononce rapidement, on administrera l'un ou l'autre en même temps par des lavements. Des compresses froides sur la tête, des compresses de farine de moutarde sur l'estomac et les mollets, sont également indiquées pour empêcher la congestion du cerveau.

BLESSURES EMPOISONNÉES. — Les

morsures de serpents et de bêtes enra-
gées, tout comme les flèches et les lan-
ces de certaines peuplades sauvages,
produisent des blessures empoisonnées,
dont le danger consiste dans l'absorption du poison par le sang.

On s'empresse, dans ces circonstances, de lier aussitôt et fortement le
membre atteint *au-dessus* de la blessure,
au moyen d'une bande élastique (bre-
telle) ou d'une corde, d'un mouchoir
resserré au moyen d'un morceau de
bois tourné à différentes reprises (garrot,
voir blessures saignantes). Puis on suce
la plaie, si soi-même on n'a point de
blessure aux lèvres; ou bien on la brûle
au moyen d'un charbon ardent, d'un
couteau, d'une aiguille chauffés à blanc,
à moins qu'on ait un acide ou un sel à
sa disposition, en ce cas il est préférable d'en verser quelques gouttes sur la
blessure.

Les piqûres d'insectes ou d'une vi-
père sont imbibées et frottées d'ammoniac.

V

Blessures du champ de bataille et maladies des camps.

FORMES DES BLESSURES. -- Les blessures sont *légères* ou *graves*, *superficielles* ou *profondes*. Les blessures superficielles ne sont pas toujours légères, les profondes ne sont pas toujours graves ; mais à l'exception des lésions du cerveau, du cœur et des grands vaisseaux, les blessures les plus légères peuvent devenir graves, les plus profondes légères, cela dépend de la façon dont elles sont soignées.

Les blessures sont en outre *simples* ou *compliquées*. Les blessures simples proviennent d'armes tranchantes qui ne font que couper les chairs, ou de balles qui les traversent formant des *sétons*. Les blessures compliquées sont accompagnées de perte de substance, de parties écrasées, de lésions d'organes importants.

PANSEMENT PROVISOIRE. — Dans les cas où l'Infirmier volontaire se trouve dans l'impossibilité d'appliquer aux soins d'une blessure l'une ou l'autre méthode antiseptique, mentionnées pages 57 à 60, faute du matériel nécessaire, il nettoiera la blessure de la poussière ou de la boue qui peut la couvrir, mais sans éloigner le caillot de sang qui peut s'être formé, de crainte que la blessure ne vienne de nouveau à saigner. Au lieu d'une éponge *non stérilisée*, dont l'emploi peut être dangereux, il se servira d'un morceau de linge propre et de l'eau claire de fontaine. S'il n'en a pas à sa disposition, il emploiera une eau qu'il aura fait bouillir. Il n'appliquera ensuite ni charpie ni diachylon sur la blessure nettoyée, mais, rapprochant les bords, il y mettra un ou plusieurs tampons de ouate ou du linge plié en coussinet, et enveloppera le tout d'un bandage approprié à la forme et à la situation de la blessure. Le bandage doit être fait de façon à soutenir l'organe ou le membre du blessé, pour que celui-ci puisse se rendre ou être porté à l'ambulance la plus proche.

BLESSURES SAIGNANTES. — Toute blessure est saignante; mais la perte de sang diffère selon la nature des parties blessées. Lorsque les capillaires seuls

ou de très petites artères et veines ont
été lésées, le saignement s'arrête dès
que les bords de la blessure ont été
rapprochés. Si, dans ces conditions,
malgré le rapprochement des bords, le
saignement continue, il peut provenir
de la position inclinée du membre ou
de l'organe blessé, ou bien de quelque
lien ou ceinture qui le serre et empêche
le refoulement du sang. Dans le premier
cas on relèvera le membre ou l'organe
tout en le soutenant ; dans le second on
dénouera la ceinture ou le lien et, par
une pression légère exercée sur la veine
au-dessus de la blessure, on arrêtera le
saignement. On se gardera de mettre
sur la blessure du chlorure de fer ou
autres substances chimiques, ils peuvent produire une irritation dangereuse,
ni de l'amadou ou de la toile d'araignée,
comme on le fait si souvent pour des
blessures insignifiantes ; ces matières
peuvent provoquer une infection de la
blessure et du sang.

Dans les cas d'un saignement sans
blessure apparente, provenant d'une
rupture des tissus, d'organes qu'on ne
peut atteindre, tels que les **SAIGNE-
MENTS DU NEZ**, on se servira de petits

tampons de coton hydrophile ou de linge frais imprégnés d'eau vinaigrée, alcoolisée ou alunée ; ou bien on l'injectera au moyen d'une seringue, ou encore on la fera inspirer, selon la nature et les formes de l'organe saignant. Dans les saignements du nez, on commencera par faire lever les deux bras en l'air, souvent cette seule mesure arrête l'accident.

Si d'une blessure apparente et malgré les moyens employés et mentionnés ci-dessus, un sang vermeil, rouge vif, continue à jaillir de la plaie, c'est le signe qu'une artère importante a été lésée, et que la blessure est profonde. Sans une intervention rapide du médecin, elle peut devenir mortelle.

COMPRESSION DES ARTÈRES. — En attendant son arrivée, on procédera à la compression de l'artère. Elle se pratique : 1° En exerçant sur la blessure, après avoir relevé le membre, une forte pression au moyen d'un mouchoir plié ou d'un tampon d'étoupe, de drap, si l'on n'a point de gaze antiseptique (iodoformée, sublimée, phéniquée) à sa disposition, pour en faire un tampon. On liera ensuite fermement le tampon sur la

blessure, au moyen du bandage. 2°
Si, malgré le tamponnage, l'écoulement
du sang persiste, on comprimera vigoureusement le tronc de l'artère princi-
pale qui se rend au membre.

L'infirmier volontaire qui a acquis

Fig. 49.

la connaissance du trajet des artères

Fig. 50.

principales apprendra dans ses exercices, à les comprimer. Passant le
long d'os résistants, les artères sont
compressibles : *l'artère du bras*, dans

l'aisselle, à l'endroit qui répond à la couture de la manche, fig. 49; *l'artère de la jambe*, dans *l'aine*, en avant et un peu au-dessus du milieu de l'aine, fig. 50; l'artère du cou, *la carotide*, à l'intérieur du muscle qui se rend directement de la clavicule à l'oreille, fig. 51. Sa compression peut se faire également des deux côtés de ce muscle.

Fig. 51.

MOYENS DE COMPRESSION DES ARTÈRES. — Le moyen le plus naturel de la compression des artères est les doigts de la main, mais il faut qu'on soit sûr de l'arrivée du médecin. S'il tarde, ou si le blessé doit être porté à une ambulance, on placera à l'endroit

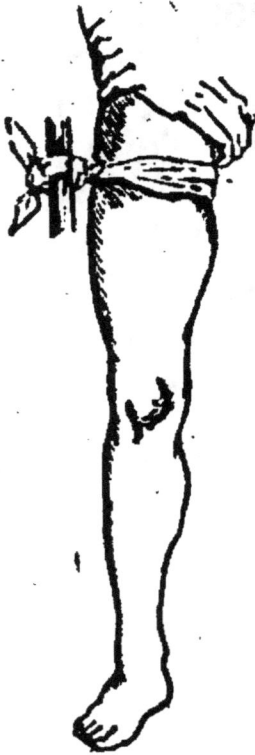

Fig. 52.

où l'artère peut être comprimée, à défaut de tampons chirurgicaux, un tampon résistant, en toile, cuir, qu'on liera vigoureusement au moyen d'un bandage et du *garrot*, fig. 52. Pour le bandage on peut se servir d'un mouchoir, d'une cravate, d'une corde et d'un bâtonnet, ou de tout autre objet pouvant servir de garrot. Il sera tourné autant de fois qu'on le jugera nécessaire pour serrer le bandage et arrêter l'écoulement du sang, et fixé au moyen d'un des bouts du bandage.

On peut, pour la compression de l'artère du bras, se servir également du premier objet résistant venu, une forte canne ou morceau de bois, en serrant fortement le bras contre la poitrine.

Dans le cas où l'Infirmier volontaire aurait des bandes élasti-

Fig. 53.

ques à sa disposition, il s'en servira de préférence au garrot, fig. 53.

Quelle que soit la forme de ligature employée pour la compression d'une artère, *elle ne sera jamais laissée plus de quarante minutes*, de crainte d'entraîner la gangrène du membre. Après quarante minutes on la relâchera pour la resserrer quelques instants après, jusqu'à ce que le blessé puisse être confié aux soins du médecin.

BLESSURES PURULENTES. — Toute blessure, qui n'est point par elle-même mortelle, doit guérir chez le soldat, du reste bien portant, suivant l'expression consacrée, *de première intention*, c'est-à-dire sans suppuration. Le contact vif de l'air, la moindre malpropreté ou poussière, font suppurer les blessures. Aussi, même en leur donnant les soins les plus minutieux, toutes les blessures sont loin de guérir par première intention, surtout lorsqu'elles sont accompagnées de perte de substance, et souvent exposées par suite des pansements, aux excitations de l'air.

Une blessure est purulente lorsqu'à sa surface se forme une matière blanche, visqueuse, *le pus*, en dessous de laquelle des chairs roses, fraîches, bourgeonnent et remplacent insensiblement en cas de perte de substance cette dernière, rapprochent les bords de la blessure, formant ce qu'on appelle le *tissu cicatriciel*.

Le pus en ce cas est de *bonne nature*; il reste blanc, et les bords ainsi que le fond de la blessure d'un rouge vif, rosé. A la condition toutefois que journellement le pus soit soigneusement enlevé, la blessure fraîchement pansée, et que les tissus, linges qui ont servi à l'ancien pansement, tout comme ceux employés au nettoyage de la blessure soient mis aussitôt dans de l'eau bouillante et stérilisée, ou bien brûlés.

Si l'on néglige une seule de ces précautions, si on laisse traîner les objets du pansement et qu'on ne soigne pas convenablement la blessure, on s'expose à voir prendre au pus un autre caractère, et de bonne il devient de *mauvaise nature*; alors la blessure la plus légère peut devenir mortelle.

LES MIASMES. — Ce par quoi un pus de bonne nature se transforme et prend un caractère dangereux, nous l'appelons d'après l'ancienne expression, des miasmes. La science moderne en a découvert de différentes sortes et leur a donné des noms multiples : *microbes, bactéries, bacilles, vibrions, spores, algues, ferments ;* cherchant à les classer selon leurs espèces. Ce que la science a établi de plus certain, c'est que les *substances antiseptiques,* et à leur défaut la propreté absolue, empêchent leur formation et leur développement ; tandis que l'accumulation des blessés et des malades, le manque de soins et le défaut de propreté favorisent leur développement et en augmentent les dangers. *L'homme dont la peau est lisse, propre, et le corps sain, bien portant, n'en a rien à redouter. La lumière du soleil aussi bien que le grand air pur les détruisent.*

Les miasmes se trouvent partout. Dans une chambre, qui reçoit un rayon de soleil, on les voit voltiger dans l'air ; l'air des campagnes en renferme moins que celui des villes ; celui des montagnes moins que l'air des plaines, l'eau de fontaine moins que l'eau de rivière, et l'eau même de certaines rivières est beaucoup plus pure que celle d'autres rivières. La figure 54 représente les miasmes dans une goutte d'eau de la Vanne grossie au microscope, et la figure 55 une goutte d'eau de la Seine.

Fig. 54.
Eau de la Vanne

Fig. 55.
Eau de la Seine.

INFECTIONS PURULENTES. — Lors donc qu'un grand nombre de blessés ou de malades se trouvent réunis dans des salles obscures et mal aérées, que les soins dont ils ont besoin sont insuffisants, que les objets qui servent à leur pansement ou à leur traitement ne sont pas stérilisés ou d'une propreté parfaite, et que les mains mêmes des médecins, chirurgiens et infirmiers qui les touchent ou les instruments dont ils se servent sont quelque peu malpropres, les miasmes qui se développent dans un tel milieu se répandent dans l'air, s'attachent à tous les objets, et arrivent jusqu'à se déposer sur les plaies. Aussitôt elles changent de caractère : le pus blanc et de bonne nature devient grisâtre, sanieux, les bords des blessures prennent des contours bleuâtres; peu à peu les blessés accusent de la fièvre, leur aspect devient terreux, et ils meurent empoisonnés par l'infection purulente.

Aussitôt qu'un premier cas se présentera, on l'isolera immédiatement dans une pièce ou un local à part, en redoublant les mesures d'hygiène et les précautions antiseptiques. S'il est suivi de deux ou trois autres cas, l'hôpital ou l'ambulance sera évacué. *Mieux vaut coucher les malades et blessés au grand air, sur la dure, exposés au vent et à la pluie, que de les laisser dans un lieu d'infection.*

Pendant longtemps on s'est imaginé, et aujourd'hui encore l'on croit pouvoir combattre le mal au moyen du pulvérisateur, en répandant dans l'air des substances désinfectantes. Elles ne font qu'ajouter à l'infection la mauvaise odeur; précisément parce qu'elles sont pulvérisées elles n'enveloppent pas, et par

suite ne détruisent point les miasmes.
Une désinfection complète, le lavage à
l'eau de chlore ou à l'eau de Javel, et
une réfection totale des peintures de
l'hôpital ou de l'ambulance contaminés,
peuvent seuls mettre un terme à l'infection qui, sans ces mesures, persistera
des mois, des années.

ISOLEMENT DES BLESSURES. — Aucun objet : main, instrument, éponge,
gaze, ouate, bandage, ne doit toucher
la blessure s'il n'est d'une propreté absolue ou parfaitement stérilisé. Nous en
avons indiqué les moyens et les métho-
des à l'occasion du lavage des mains et
des pansements. Si nous revenons ici
sur la nécessité de ces mesures, c'est
pour constater qu'elles n'ont d'autre
objet en réalité que l'isolement des
blessures de tout contact de matières
nuisibles ou dangereuses. Et nous in-
sistons d'une façon toute particulière
sur cet isolement, dont le défaut peut
rendre la blessure la plus insignifiante,
l'ouverture d'un clou, mortelle, afin que
l'Infirmier volontaire s'en pénètre bien
l'esprit, et parvienne à se rendre parfaitement compte que, si cet isolement
des blessures est indispensable au salut

des blessés, il est non moins indispensable au salut des malades, ces blessés dans leur organisme tout entier. Ils sont frappés d'une de ces nombreuses maladies qui naissent, pour les mêmes causes que l'infection purulente, au milieu de grandes agglomérations d'hommes exposés à toutes les intempéries, toutes les fatigues, toutes les privations pendant leurs marches et dans les camps; maladies qui se propagent en se transformant en épidémies, et envahissent des contrées entières.

LES MALADIES INFECTIEUSES. — Il y a des maladies *contagieuses* qui se transmettent d'homme à homme par le contact : les maladies vénériennes, la gale, etc. Elles ne deviennent jamais épidémiques. Il n'y a donc pas lieu d'en traiter ici, mais comme on les confond souvent avec les maladies infectieuses, il y a lieu d'insister sur les différences qui existent entre elles. Ces différences sont telles que si les maladies contagieuses se transmettent toujours par le contact, les maladies infectieuses ne se propagent jamais que par l'air et les objets qui en transportent les miasmes; et si les premières passent directement

du malade à l'homme sain, les secondes,
par suite de la ténuité même de leurs
miasmes, n'ont d'action que sur celui
qui, par débilité, anémie, faiblesse des
organes ou relâchement des tissus, est
disposé à les absorber. L'homme sain,
bien portant, ne doit pas plus les crain-
dre qu'il n'a à redouter l'infection purulente en soignant une blessure purulente. C'est donc une grande erreur de
croire que les malades atteints d'une
maladie épidémique sont par eux-mêmes
contagieux. Si tel était le cas, jamais les
épidémies ne s'arrêteraient.

Les miasmes des maladies infectieuses se forment et se développent absolument de la même manière que les
miasmes de l'infection purulente : ils
naissent de matières végétales ou ani-
males en décomposition, des crachats,
excrétions et sécrétions en putréfaction
des malades, des tissus et organes des
personnes affaiblies et débilitées, tout
comme des miasmes du pus, lesquels
infectent les tissus et le sang des
plaies des blessés. Tous les jours nous
voyons naître et disparaître ces maladies autour de nous, alors que les
maladies vraiment contagieuses ne s'ar-

rétent point, et dans les mêmes conditions de contact reparaissent toujours.
Mais lorsque les maladies infectieuses
ou épidémiques surgissent dans les
camps, elles prennent un caractère
d'autant plus grave que les causes mêmes dont elles proviennent, les miasmes, augmentent avec l'accumulation
des hommes de l'amas des déchets et
détritus, du défaut d'eau salubre, du manque de nourriture fraîche et fortifiante,
d'excès de fatigues et d'abus de toutes
sortes, affaiblissant le corps le plus fortement constitué, et prenant en propor-
tion un caractère de plus en plus grave,
d'où le nom de maladies des camps qu'on
leur donne.

MALADIES DES CAMPS. — Ce sont
la fièvre *typhoïde* et le *typhus*, la *dyssen-
teries* et les *formes multiples de la diphtérie*,
les *fièvres intermittentes*, la *variole*, la *mé-
ningite épidémique*, l'*ophtalmie purulente*;
nous ne nommons que les principales.
Il n'appartient pas à l'Infirmier volontaire, mais au médecin, d'en réconnaî-
tre les symptômes, déterminer les caractères et prescrire les remèdes. Ce
que l'Infirmier volontaire doit savoir,
c'est : 1° *qu'il doit exécuter avec la plus*

grande rigueur tous les ordres et prescriptions du médecin; 2° contribuer de toutes ses forces et ressources à l'isolement des malades.

La science démontre que l'action délétère des miasmes devient d'autant plus violente qu'ils passent d'un foyer de production à un autre, c'est-à-dire de malade en malade. Les savants le prouvent dans leurs laboratoires, par leurs expériences sur les animaux; la gravité que prennent les maladies infectieuses dans les camps est démontrée par la croissance constante des épidémies.

On s'est figuré qu'en outre des vaporisateurs on devait, pour combattre les maladies infectieuses, stériliser tous les objets qui pouvaient toucher les malades. vêtements, linge, draps, vaisselle, pots, urinoirs. Les efforts les plus louables qui ont été faits en ce sens sont restés impuissants. C'est que si la stérilisation est d'une efficacité admirable dans l'isolement et le traitement des blessures circonscrites et localisées, elle est absolument insuffisante pour le traitement de malades dont l'organisme entier est infecté. C'est le malade lui-même, toute sa personne et tout ce qu'il touche, qu'il faut parvenir à isoler aussi complétement qu'une blessure, en se servant non seulement des antiseptiques et en observant une propreté parfaite, mais encore en ayant recours aux deux éléments qui contribuent, avec les antiseptiques et la propreté, le plus à la destruction des miasmes, *le soleil* et *le grand air*. Ainsi que la ouate pour les blessures, le soleil et le grand air sont les meilleurs isolants des maladies épidémiques. Aussi est-ce dans la répartition des malades et dans le choix des lieux où ils doivent être soignés que l'Infirmier volontaire et surtout l'Infirmier des frontières rendra les plus grands services à la fois à l'armée et à la patrie.

VI

Transport des blessés et malades.

Les soins et le transport des blessés sur le champ de bataille incombent exclusivement aux médecins et aux infirmiers militaires. Les médecins et les infirmiers civils, si savants ou experts, dévoués et courageux qu'ils puissent être, sont aussi bien à l'intérieur des lignes de l'armée que sur les champs de bataille un embarras, sinon un danger, à cause de l'élément étranger qui peut s'y mêler. Toutefois des circonstances peuvent se présenter, à la suite d'attaques imprévues et de surprises isolées, dans les marches et contremarches dans le service des éclaireurs, où le médecin et l'infirmier civils doivent remplacer le médecin et l'infirmier militaires, tantôt parce que ceux-ci se trouvent éloignés, tantôt parce qu'ils sont obligés de suivre leurs corps soit dans l'attaque soit dans la retraite. En d'autres termes, si le service sur le champ de bataille et en avant des armées incombe exclusivement aux médecins et infirmiers militaires, celui en arrière des armées revient par la force des circonstances et la nécessité de l'évacuation des blessés et des malades presque exclusivement aux médecins et infirmiers civils soumis aux ordres, au contrôle et à l'inspection des autorités sanitaires de l'armée. Il est donc indispensable que l'Infirmier volontaire

soit aussi instruit et exercé dans le relèvement et le transport des blessés et
malades qu'il doit l'être dans les soins
à leur donner avec ou sans l'aide du
médecin.

RELÈVEMENT DES BLESSÉS. — Les
premiers soins ayant été donnés, les
blessés atteints de lésions légères, ca-
pables de marcher, se rendent d'eux-
mêmes au poste de secours ou à l'ambulance la plus proche ; pour les autres,
l'impuissance à marcher est seule déjà
un symptôme de la gravité de la blessure. *Ils seront relevés avec d'autant plus
de précautions qu'ils paraîtront plus
abattus.*

Une grande adresse et une certaine
force sont nécessaires pour relever convenablement un blessé. Nous ajouterons
toutefois que le relèvement d'un blessé
est d'autant plus aisé qu'un premier
pansement a pu être fait et bien fait.
Le relèvement varie en outre selon la
nature des blessures et le nombre des
hommes disponibles. S'il n'y a qu'un
homme, le blessé devra s'appuyer sur
lui, à moins que l'Infirmier ait la force
de le prendre ou sur le dos ou dans les
bras. S'il y a deux hommes, ils mettront

chacun un genou à terre et croiseront
les bras, gauche et droit, sous le dos,
en dessous des épaules, et les deux autres bras sous la cuisse. S'il y a trois
hommes, le dernier soutiendra pendant
le relèvement le membre du blessé.

TRANSPORT A BRAS. — Il ne doit se
faire qu'à défaut de brancard et de tout
moyen d'en improviser. L'Infirmier,
isolé, continuera à porter le blessé à
dos ou dans ses bras, tel qu'il l'a relevé
s'il en a la force, sinon il le déposera commodément et
cherchera du
secours. S'il
a un aide qui
l'assiste dans
le relèvement
ils baisseront
les bras sous
la cuisse,
les hausse-
ront sous les
épaules, et
continueront
à le porter de
la sorte, ou
bien ils for-
meront une

Fig. 56.

chaise à porteur en se croisant et en se saisissant mutuellement les bras. Ce mode de transport, et les formes multiples et ingénieuses qu'on peut lui donner, ne doit toutefois être adopté que si l'ambulance ou un poste de secours

Fig. 57.

se trouve très rapproché, fig. 56 et 57.

TRANSPORT SUR LE BRANCARD. — Dans les cas où l'on a un brancard à sa disposition, le blessé y sera doucement et prudemment déposé. Si trois hommes ont procédé au relèvement, le troisième glissera le brancard sous le blessé que soutiennent les deux autres.

S'il n'y en a que deux, ils avanceront des deux côtés du brancard avec le blessé dans les bras pour le descendre et déposer lentement. Pour le transport l'un se mettra aux pieds, l'autre à la tête du blessé, que le dernier surveillera soigneusement durant la marche. Si l'un est plus petit que l'autre, le plus petit se placera aux pieds, à moins qu'on ne puisse allonger ou raccourcir les courroies. *Ils marcheront d'un pas égal, mais sans partir du même pied* afin d'éviter tout balancement. Ils éviteront de même tout mouvement brusque et toute secousse ; passeront prudemment les fossés, longeront les haies de crainte que la blessure, incomplètement bandée, ne se rouvre. Dans les montées et dans les descentes les porteurs se placeront de manière que la tête du blessé se trouve du côté le plus élevé. Jamais le brancard ne doit être porté sur les épaules, afin que le blessé puisse toujours être surveillé. Si un troisième accompagne le brancard, il surveillera surtout le blessé, éloignera les obstacles et, en cas de fatigue des porteurs, les remplacera tour à tour, fig. 58.

Fig. 58,

Dans tous les cas, qu'il y ait un Infirmier volontaire et un aide, ou deux ou trois Infirmiers, le plus âgé des Infirmiers assumera le commandement, car tous les mouvements doivent être exécutés avec précision et régularité : Attention ! A genoux ! Debout ! Marche ! Halte ! Plus les mouvements sont exécutés avec précision, plus ils gagnent en rapidité et en sécurité.

BRANCARDS IMPROVISÉS. — A défaut d'un brancard réglementaire, et lorsque la distance est trop grande pour qu'un blessé puisse être porté à bras, il est du devoir de l'Infirmier volontaire de se servir de tous les moyens qui se trouvent à sa disposition pour improviser le meilleur brancard possible. C'est

plutôt une question d'esprit d'invention
et d'adresse de sa part que des conseils qu'on peut lui donner, car selon les circonstances, les formes des
brancards improvisés varient à l'infini.

Le brancard dont la forme se rapproche le plus du brancard réglementaire sera toujours le meilleur. Pour le
construire, il suffit de se procurer :
deux perches d'une longueur de 2m20
ou 2m30, assez fortes pour soutenir un
homme, et pas trop lourdes pour ne
point rendre le transport difficile; deux
rondins de bois de 60 à 65 cent., une
couverture, un drap, des sacs de toile,
de la ficelle. On se servira des deux
perches pour faire les hampes du brancard; on attachera les rondins comme

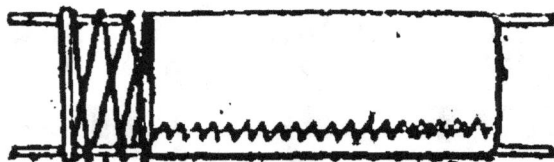

Fig. 59.

traverses, à une égale distance de l'extrémité des perches, et de manière à
laisser un espace libre de 1m80 entre
eux. On les fixera solidement au moyen

d'entailles faites aux hampes et de la
ficelle, et on attachera le drap, la toile
ou les sacs, s'ils sont assez larges, avec
d'autres ficelles, de façon à pouvoir
les tendre en faisant passer les perches
avec leurs traverses, fig. 59. Il suffit de
mettre sous la tête du blessé son havre-
sac, sa capote, à leur défaut un bottillon
de paille, de foin ou d'herbe, pour que
dans ces conditions le brancard improvisé soit aussi pratique que possible,

Fig. 60.

fig. 60. Quand les draps, sacs, couvertures, ne sont pas assez longs et larges
pour construire un brancard simple,
on les attachera en travers, ainsi que
le montrent les figures 61 et 62.
    Lorsque ces ressources manquent
pour construire ce modèle de brancard
improvisé, on se servira de toutes celles

que l'on peut se procurer. Une perche
et un drap seuls mais suffisamment

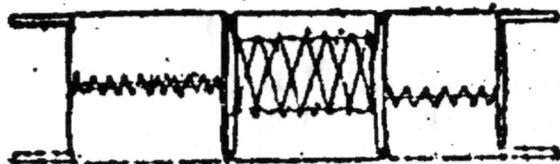

Fig. 61 et 62.

longs suffisent pour construire un ha-
mac, fig. 63; deux perches avec un
drap, couverture ou sac trop court,
pour construire un brancard permettent
de construire un siège dont on portera
une perche sur les épaules et l'autre par
les mains, le blessé assis de côté. Si
l'on ne dispose que de perches, rondins et de paille, on tordra cette dernière en cordes pour envelopper les
perches disposées en brancard. Enfin,
si toutes ces ressources manquent,

on peut se servir de fusils trouvés sur
le lieu du combat et de la capote du
blessé, pour improviser un brancard;
ou bien du fusil, du sabre et de la capote du blessé, pour en faire un siège.

Nous pourrions multiplier les exemples. Le mieux est qu'il n'y ait pas de

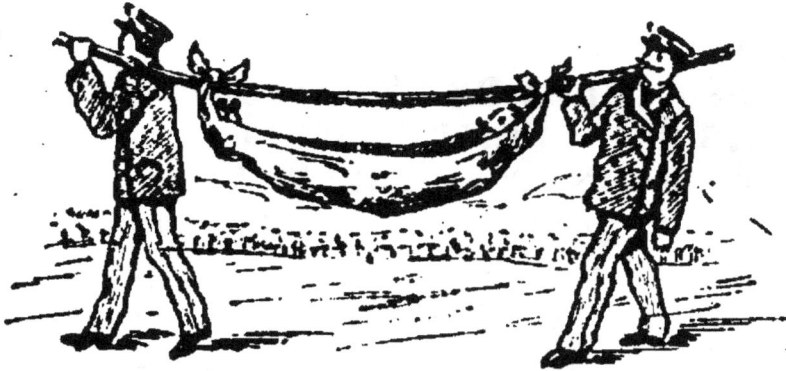

Fig. 63.

village, pas de localité de frontières qui
ne possède un certain nombre de brancards construits d'après le modèle de
l'armée.

Les règles de transport au moyen de
brancards improvisés sont les mêmes
que celles mentionnées ci-dessus, sauf
que le brancard improvisé, manquant

de pieds, les porteurs, s'ils désirent un moment se reposer, auront soin de le placer par les endroits où se trouvent les traverses sur des pierres, de façon à ce que le blessé ne touche pas terre.

ENLÈVEMENT DU BLESSÉ. — On procédera à l'enlèvement du blessé du brancard de la même manière et en prenant les mêmes précautions que lorsqu'on l'a relevé de terre pour le placer sur le brancard.

VOITURES DE TRANSPORT. — En dehors des voitures d'ambulance de l'armée et des sociétés de la Croix Rouge, il n'y a guère que les tapissières qui puissent être facilement arrangées pour le transport des blessés et malades en temps de guerre. Lavées et nettoyées, le fond couvert de paille ou de matelas, ou bien disposées de manière à recevoir des brancards, qui seront fixés au fond ou aux parois, elles offrent le grand avantage d'être d'un abord aisé, et de permettre que les blessés ou malades soient rangés de façon qu'à chaque instant on puisse les visiter.

Toute autre voiture à ressorts peut de même être aménagée pour le transport des blessés ou malades, surtout

les voitures spacieuses, calèches, chars-
à-bancs, voitures de chasse, mails-
coachs, omnibus; mais en outre qu'elles
sont rares en temps de guerre, réquisi-
tionnées par l'une comme par l'autre
armée, elles offrent le désavantage, lorsqu'elles ne sont pas couvertes, de ne
pas abriter les blessés ou les malades,
et quand elles le sont, de n'offrir que
peu de places et d'être d'un abord difficile à cause de l'étroitesse des portières.
En revanche elles présentent, pour
ceux des blessés ou malades qui peuvent rester assis, comme pour ceux que
l'on peut coucher en travers sur leurs
coussins, ou sur des planches disposées sur les sièges opposés et couvertes des coussins, le moyen de transport le plus doux, à cause de la sou-
plesse de leurs ressorts.

Ce qui vient d'être dit condamne le
transport des blessés par des voitures
sans ressorts, charrettes, chariots, tom-
bereaux, carrioles, etc. Il faut avoir as-
sisté en temps de guerre aux cris de
douleur des blessés transportés de la
sorte pour ne se résoudre qu'à la dernière extrémité à ce mode de transport.
Il y a toutefois des circonstances en

temps de guerre où l'on n'est que trop heureux de pouvoir s'en procurer. En ce cas on les remplira de paille ou de foin, que l'on couvrira, si la chose se peut, de draps, de couvertures, de bâches, avant d'y placer les blessés. A défaut de paille ou de foin, on laissera les blessés sur leurs brancards, que l'on attachera soigneusement avec des cordes à d'autres cordes plus fortes, tendues des échelles ou des parois de la charrette, d'un bout à l'autre et à travers, de façon à leur donner une suspension suffisante et solide. Les grandes voitures de Lorraine présentent pour leur transformation en voitures de transport des blessés de grands avantages, fig. 64.

TRANSPORT PAR CHEVAUX ET MULETS. — Ce mode de transport n'est à conseiller que dans les montagnes, où c'est le moins dangereux, si défectueux soit-il. Encore faut-il que le matériel y soit bien approprié, comme dans le service sanitaire de l'armée. Un blessé incapable de se tenir à cheval ou à mulet, ne fait que courir de nouveaux dangers, mal attaché au flanc de la bête, sur une chaise ou dans un pa-

Fig. 64.

nier. On ne saurait y mettre trop de prudence.

TRANSPORT PAR CHEMIN DE FER.— A part quelques rares wagons admirablement distribués pour recevoir des blessés — aux malades on songe moins — et qui figurent à toutes les expositions, le transport des blessés et malades par chemin de fer n'est en général recommandable que pour l'évacuation de blessés en voie de guérison ou de malades convalescents. Ce n'est que dans les cas d'agglomération extrême, et à défaut complet d'abri ou de personnel qu'il faut y recourir. La poussière et les trépidations, d'une part, le danger d'une autre, de transformer les maladies des camps en épidémies générales en les portant au loin, enfin la difficulté de désinfecter sérieusement des trains entiers, conseillent de n'y recourir que dans les cas de nécessité extrême. Il vaut infiniment mieux transporter le personnel et faire parvenir les secours et les approvisionnements aux blessés et malades dans les campagnes et les villages, que de les transporter dans les villes et dans leurs grands hôpitaux, qui ne sont rien moins que bien organisés pour le traitement des maladies infectieuses et des blessures purulentes.

Il va sans dire que le transport de blessés et de malades *isolés* pourra toujours se faire, avec quelques précautions, dans d'excellentes conditions par wagons de 1re et 2me classes des chemins de fer.

TRANSPORTS PAR PÉNICHES OU CANOTS. — Ce seraient certainement les meilleurs, les plus doux, quoique fort lents, si les bateaux étaient quelque peu convenablement aménagés, et si l'on se trouvait toujours dans la bonne saison. Et encore, dans ces conditions, ne seront-ils jamais qu'exceptionnels, par cela seul que les armées en campagne évitent les pays sillonnés par des rivières et des canaux qui ne sont que des entraves à leur marche.

DÉSINFECTION DES VOITURES ET WAGONS. — Tout Infirmier volontaire chargé de conduire, avec ou sans médecin, un transport de militaires atteints de maladies infectieuses, marquera à la couleur ou au couteau d'une façon visible qu'ils sont *à désinfecter*, et les dits wagons et voitures ne cir-

culeront plus sans un certificat ou une
patente de désinfection.

VII

Le service des ambulances et des hôpitaux en temps de guerre.

Il y a des contrées couvertes de
marécages qui sont dangereuses. Il y
en a d'autres que les émanations ou
les eaux rendent malsaines : il n'y en
a point qui soient à la fois plus malsaines et plus dangereuses que les
ambulances et les hôpitaux dans lesquels les blessés et les malades sont
entassés par centaines.

**ORGANISATION DU SERVICE DE
SANTÉ.** — En vue des exigences de la
guerre, le service des blessés et malades est aussi bien organisé que possible
en temps de paix. Dans le rayon de l'armée et sur le champ de bataille, le service de santé militaire seul fonctionne-
ra ; des brancardiers exercés relèveront
les blessés ; des infirmiers instruits et
tous les médecins d'un même corps

d'armée prodigueront les premiers soins
dans les ambulances improvisées ; et
lors de la marche du corps les blessés
et malades seront confiés à des colonnes sanitaires qui en transmettront les
soins aux sociétés de la Croix Rouge.
Chacune d'elles créera le plus grand
nombre possible d'hôpitaux auxiliaires
de campagne, qui seront construits sur
le modèle des hôpitaux militaires de
campagne et, numérotés pièce par pièce,
de façon que les hôpitaux militaires
restent en place avec leurs blessés et
malades, et que l'armée puisse empor-
ter le matériel des sociétés.

En temps de guerre ce n'est point
la Convention de Genève et les organi-
sations pacifiques qui règnent, c'est
la force, et partout elle se trouve do-
minée par le hasard, ses surprises et
ses nécessités. Si quelque grande bataille peut être préparée et prévue
d'avance, l'art de l'ennemi consiste à
y échapper ou à en dérouter les com-
binaisons. Les combats d'arrière-gardes
ou d'avant-postes, les surprises d'é-
claireurs, sont non moins constants
qu'impossibles à prévoir. Des troupes
isolées, des bataillons, des régiments

arrivent ou partent, emmenant tout, emportant tout, excepté les blessés et les malades. Les routes sont encombrées ou défoncées, les ponts sont rompus, la circulation des chemins de fer est interrompue, les télégraphes et leurs lignes sont coupés. Tantôt le matériel abonde où on n'en a que faire, tantôt il fait défaut là où on en aurait le plus grand besoin. Plus loin un personnel nombreux d'infirmiers et de médecins se trouve réuni, il n'y a ni blessés ni malades; à quelque distance de là les blessés et les malades sont entassés par centaines et milliers, et se trouvent sans secours d'aucune sorte. Plus loin encore les vivres s'amassent, tandis qu'à côté, soldats et prisonniers, malades et blessés et le personnel même qui les soigne souffrent de toutes les privations. Et ce n'est pas d'en haut que l'ordre s'établira dans ce chaos de souffrances, car tout y est et doit y rester sacrifié à l'espérance de la victoire ou à la défense de la patrie. C'est d'en bas, du territoire même en proie à la lutte et du sein des populations qui l'occupent que seul peut renaître l'ordre, et que les premiers secours

peuvent être prodigués aux blessés et
aux malades.

**SECOURS AUX BLESSÉS ET MALA-
DES.** — Au moment où les nouvelles de
grands combats, d'une grande bataille
se répandent, les secours arrivent de
toute part de l'intérieur, de l'étranger,
sans ordre ni règle : *c'est toujours sur
l'arrière de l'armée victorieuse que ces secours doivent être dirigés, même par les
nationaux de l'armée vaincue, et dans l'intérêt de leurs propres blessés et malades.*
Sur les fronts d'attaque ou d'invasion,
aucune armée victorieuse ne tolère la
pénétration dans ses lignes, et, sur son
arrière, aucune armée en retraite ne
peut rien décider ni pourvoir.

Il est une seconde règle, non moins
importante, et complémentaire de la pré-
cédente. Un combat important, une
bataille imprévue a eu lieu. La popu-
lation du territoire où l'action s'est
passée a enfoui ses vivres, s'est réfu-
giée dans les bois et les localités voisines. Après la lutte le calme renaît ;
les combattants se sont éloignés, laissant les villages en ruine, le pays en
apparence épuisé, et les blessés et malades abandonnés sous la garde provi-

soire d'un personnel sanitaire forcément insuffisant dans des maisons effondrées ou saccagées. Les habitants sortent de leurs refuges et, si une ou plusieurs escouades d'infirmiers volontaires se trouvent parmi eux, elles seront d'un secours inappréciable. *Quoiqu'il en soit, le maire de la commune ou les maires des communes se constitueront chefs de droit des secours à porter et, à cette fin, ils se mettront en rapport avec les maires des communes voisines, pour demander leur aide et soutien. De la sorte l'ordre renaîtra de lui-même, en attendant l'arrivée des secours nationaux et étrangers.*

En dehors de ces deux règles, l'une concernant l'arrivée des secours du dehors, l'autre relative à l'action des maires prenant la direction de l'assistance à donner aux quelques médecins et infirmiers, restés souvent de garde, il ne saurait y en avoir d'autres, sinon à titre d'exception.

LES AMBULANCES PROVISOIRES. — Tout endroit, tente, baraque, ferme, habitation, école, mairie, église, château, où, pendant le combat, ont été portés des blessés, ou dans lequel on a réuni des malades, forme une *ambu-*

lance provisoire. Sur le champ de bataille elles sont réparties selon les corps d'armées et les ordres du service de santé militaire. Hors de là, pour l'armée envahissante, comme pour l'armée en retraite, elles ont été disséminées au hasard de la lutte, des marches et contre-marches. Il n'existe et il est impossible de donner n'importe quelle règle relativement à leur institution.

Les ambulances provisoires sont toujours évacuées le plus tôt possible ou transformées, lorsque les locaux le permettent, en *ambulances fixes.*

LES AMBULANCES FIXES sont tantôt aménagées d'avance en vue des actions à venir, tantôt elles sont improvisées tout comme les ambulances provisoires, selon les besoins et les nécessités du moment. Les règles suivantes seront observées dans leur aménagement :

1° On choisira, le plus près possible des camps ou des lieux de combats éventuels ou effectifs, une habitation ou plusieurs habitations, une mairie, une maison d'école suffisamment spacieuse, un château, pour en faire le centre de l'évacuation des ambulances provisoires. Si les locaux sont abandonnés (en temps de guerre toute habitation inoccupée n'appartient à personne) on les prend sans façon ; s'ils sont occupés et absolument nécessaires, on demandera l'autorisation de les transformer en ambulances fixes ; au besoin l'autorité militaire ou civile les réquisitionnera. On évitera de choisir comme ambulance fixe les gares et les églises; ces dernières, parce qu'elles manquent de tout ce qui est indispensable aux soins des blessés ou des malades, les premières parce qu'elles ne sauraient rester assez libres pour les mouvements des troupes et du matériel de guerre. Néanmoins des postes de secours bien approvisionnés pour les blessés et les malades de passage devront y être établis.

2° On occupera de préférence les salles et les chambres dont les murailles sont peintes à l'huile ou à la chaux, situées au soleil et bien aérées.

3° On séparera les malades des blessés en les répartissant dans les ambulances fixes, distinctes si c'est possible; et l'on préférera pour les malades celles divisées en chambres nombreuses, où on puisse les isoler, et pour les blessés celles qui renferment des salles pouvant contenir jusqu'à 5 et 10 lits.

4° On ôtera des chambres ainsi que des lits, qu'on les trouve sur place ou qu'il faille les réquisitionner, les tentures, les rideaux, les tapis, de même que les tableaux, dessins et gravures qu'on trouve aux murailles. Tout meuble rembourré, tout objet inutile aux soins des blessés ou malades, sera remisé dans les pièces situées au nord.

5° Dans toutes les chambres destinées à recevoir les malades frappés de maladies infectieuses, on fera ôter les carreaux supérieurs des fenêtres, quel que soit le temps qu'il fasse, couvrant d'autant plus les malades et leur faisant au besoin du feu.

6° Enfin, à mesure que l'ordre, grâce à toutes ces précautions, s'établira et que les blessés deviennent aisément transportables ou lorsque les malades entrent en convalescence, on les évacuera sur les hôpitaux du territoire. On ne le fera toutefois qu'après avoir acquis la certitude d'une parfaite liberté des communications, car de toutes les situations, la plus horrible pour les blessés comme pour les malades et le person-

nel qui les accompagne, est celle de
convois ou de trains de malades et de
blessés abandonnés en rase campagne
ou dans des endroits où tout fait défaut.

Choisie et établie dans de bonnes
conditions, une ambulance fixe peut
fonctionner des mois, selon les nécessités de la guerre, et rendre des services
immenses sinon glorieux, par le nombre des guérisons et des convalescen-
ces.

LES SOCIÉTÉS DE LA CROIX ROUGE.
— Ce que les ambulances provisoires
et les ambulances fixes sont aux soins
improvisés des blessés et des malades,
les hôpitaux auxiliaires de campagne
et les hôpitaux du territoire le sont
pour les blessés et malades soignés par
les sociétés de la Croix Rouge. Complètement organisées en temps de paix,
elles peuvent malheureusement se trou-
ver absolument désorganisées en temps
de guerre, selon la rapidité des mouvements de l'armée et de ses victoires
comme de ses défaites. Mais partout
où elles pourront fonctionner régulièrement, ces belles sociétés rendront
des services d'autant plus grands

qu'elles auront mieux prévu les difficultés de la guerre. Elles comptent des
ambulancières nombreuses, dévouées
et instruites. Mais que peuvent les femmes au milieu des dangers et obstacles
sans nombre que présente un état de
guerre ? que peuvent-elles surtout, avec
leurs organes délicats, pour relever,
soigner, retourner, porter, coucher
des blessés et des malades, tremper
leurs mains dans des dissolutions d'a-
cides corrosifs, accomplir des actes
à l'égard d'hommes souffrants, parfois rudes, exaspérés ou violents? Avec
le développement des armées, de même
qu'avec le progrès de la science, ce
n'est pas leur rôle, c'est celui des médecins et surtout celui des infirmiers
qui ont grandi.

LES ESCOUADES D'INFIRMIERS VO-
LONTAIRES. — Pour que, en temps de
guerre, des blessés ou des malades
soient convenablement soignés, il faut
compter, en dehors du personnel
médical, et en y comprenant les
hommes de service, un infirmier
pour trois blessés ou malades. Isolés, ils peuvent déjà rendre de grands
services, réunis en escouades de 5 à

10 hommes, sous la direction d'un chef infirmier, ils quintuplent, décuplent leurs forces.

A défaut d'ordres précis de chefs supérieurs, médecin militaire ou chef d'ambulance, ils obéiront en temps de guerre aux règles suivantes :

1° En transportant les blessés et les malades de route et du champ de bataille, ils choisiront de préférence, comme ambulance provisoire, un endroit qui soit à l'abri des balles et des obus de l'une comme de l'autre armée. Et dans le choix d'une ambulance fixe, s'ils se trouvent obligés d'en prendre l'initiative, ils se conformeront autant qu'il sera en leur pouvoir, aux prescriptions données ci-dessus, page 141.

2° Si les infirmiers forment une escouade de cinq, ou si elle est composée de dix, deux infirmiers disposeront les salles, les chambres et les lits pour recevoir blessés et malades. Si les lits ne suffisent pas et si les brancards sont nécessaires à leur transport, ils feront des couches de paille ou de foin bien secoué et tassé, quitte à les remplacer le plus tôt possible par des lits empruntés au voisinage ou réquisitionnés par le maire de la commune.

3° Ils recueilleront de même tous les objets et le matériel nécessaire aux soins les plus urgents des blessés et malades : eau, vivres, linge, batterie de cuisine, charbon ou bois, etc. Si l'escouade est trop peu nombreuse pour suffire à sa tâche, ils se feront aider par des hommes, des femmes de service.

Les armes et les objets d'équipement des blessés et malades seront soigneusement mis en réserve et gardés sous clef.

SERVICE DES SALLES DE BLESSÉS. — En prescrivant les règles qui suivent, nous savons fort bien qu'en temps de guerre et surtout après de grands combats on rencontrera des difficultés parfois insurmontables à s'y conformer. Ce n'est que peu à peu, à mesure que le calme et l'ordre renaîtront, qu'on veillera avec d'autant plus de soins à leur exécution qu'elle est plus nécessaire au salut des blessés.

Les lits de fer seront préférés à tous autres, ni trop larges, ni trop hauts, et placés de manière à être d'un accès facile des deux côtés, la tête du lit contre

le mur. Les tables et les chaises seront
constamment libres pour y déposer les
objets nécessaires au service des blessés
ou malades.

Les planchers ne seront nettoyés ni
à l'eau vive ni au balai, mais au moyen
d'un balai enveloppé d'un linge humide,
afin d'enlever la poussière sans la sou-
lever.

Les fenêtres seront ouvertes tous les
matins régulièrement, et parfois l'après-
midi, en évitant soigneusement les cou-
rants d'air. Si, par suite de la disposition des portes ou des fenêtres les cou-
rants ne sauraient être évités, on couvrira les malades complètement.

Les malades ne supportant pas la
lumière vive seront isolés.

Si la saison est froide, on maintiendra une température de 14 à 15 degrés,
au moyen d'un feu de cheminée. Si les
salles sont chauffées au poêle, on ouvrira une fenêtre de temps à autre. A
défaut de bois, on brûlera du coke, à
défaut de coke, du charbon.

La vaisselle sera tenue dans un état
de propreté constante. On ne la laissera point dans les salles. Les vases de
nuit seront désinfectés ou lavés dans de

l'eau bouillante et placés sous les lits.

Les aliments seront simples et sains, et l'eau à boire toujours cuite si elle ne provient pas d'une source vive. Les repos auront lieu à des heures régulières.

Le linge de lit et de corps sera renouvelé le plus souvent possible et tenu dans un état de propreté parfaite.

On observera dans les salles, ou les chefs y feront observer, sinon le silence du moins le calme. Pour des hommes qui souffrent, le bruit n'est qu'une souffrance en plus, et pour les infirmiers toute conversation inutile est une perte de temps.

Les corridors et cabinets seront balayés et nettoyés journellement, et les cabinets en outre désinfectés en y jetant du chlorure de chaux.

Enfin, les alentours de l'ambulance seront ratissés soigneusement. Les déchets, les immondices seront portés à 30 mètres de distance au moins, et enfouis sous terre.

TENUE DES CHAMBRES DE MALADES. — En outre des règles de conduite qui viennent d'être données pour la tenue des salles de blessés, on observera dans les chambres des militaires atteints de maladies infectieuses les règles suivantes:

Les vêtements des malades, à l'entrée dans l'ambulance, seront désinfectés si la commune possède un appareil de désinfection, sinon trempés dans de l'eau bouillante.

Leur linge de lit et de corps sera chauffé à une température de 100 degrés au moins avant d'être employé, et trempé immédiatement après son usage dans de l'eau bouillante.

Il en sera de même de la vaisselle, des vases de nuit et des crachoirs. Les vases de nuit et les crachoirs seront en outre désinfectés avec de l'acide phénique avant leur usage. Ils seront tenus constamment couverts, et leur contenu ne sera *jamais jeté, ni dans les cabinets, ni parmi les immondices*, mais brûlé aussitôt.

Les fenêtres, si elles sont plus élevées que les lits, resteront constamment ouvertes, sinon on en enlèvera, comme il a été dit, les carreaux d'en haut. Pendant les journées tant soit peu froides, on couvrira bien les malades et on chauffera les chambres, tout en laissant, sinon les fenêtres ouvertes, du moins sans carreaux d'en haut.

LA DIRECTION SUPÉRIEURE appartient partout et toujours au chef du service de santé militaire ou à son représentant. En leur absence, au maire de la commune en ce qui concerne l'administration de l'ambulance, au médecin dans tout ce qui se rapporte aux soins des blessés et malades. En l'absence de l'un ou de l'autre de ces derniers, le chef infirmier les remplacera en attendant leur retour ou leur arrivée. Lorsque plusieurs escouades d'infirmiers se trouvent employées à la même ambulance, le chef du service de santé militaire, à son défaut le maire, désignera le chef infirmier commun.

On observera toujours une discipline sévère, donnant l'exemple à la fois de la bonne conduite et de l'obéissance. L'obéissance sera portée à tel point que si le présent Manuel prescrivait quelques mesures ou règles que l'un ou l'autre chef de l'ambulance, militaire ou civil, jugerait inutile de suivre, les infirmiers volontaires obéiraient sans hésitation à ses ordres et non aux prescriptions du Manuel. En temps de guerre, les circonstances sont tellement graves que chacun doit porter sa responsabilité pleine et entière.

Jamais les infirmiers ne se disputeront au sujet de l'application d'une mesure ou règle, ils s'en référeront toujours à la décision des chefs infirmiers, et ceux-ci aux chefs du service de santé militaire, à leur défaut à l'administration communale.

ARRIVÉE DE SECOURS ET DE MATÉRIEL. — C'est toute une organisation à créer dont, à l'exception des chefs de santé militaire, personne ne saurait rien prévoir.

Il est toutefois nécessaire d'établir quelques règles générales et élémentaires :

En l'absence de tout secours du dehors et à défaut de tout approvisionnement, c'est la commune qui fournira le matériel et les secours nécessaires à l'ambulance dans les premiers moments.

Si ces ressources sont faibles ou viennent à s'épuiser, le maire de la commune s'adressera aux maires des communes voisines.

Ils tiendront un compte exact des fournitures faites et des dépenses occasionnées, qu'ils adresseront au Ministère de l'Intérieur, afin d'en obtenir la restitution, soit dans le courant de la guerre, soit au retour de la paix.

Ces mesures sont susceptibles d'être prises, quelles que soient les marches et contre-marches des armées, l'encombrement des lignes de communication, l'état des ponts et des télégraphes.

TENUE DES REGISTRES D'AMBULANCE. — Dans chaque ambulance fixe il sera tenu deux registres : l'un, dans lequel seront inscrits les secours et le matériel reçus, les dépenses faites ; l'autre, sur lequel seront portés les noms, grades et numéros des blessés et malades, la nature de leur affection, le jour et la date de leur entrée, de leur sortie. Il sera dressé tous les huit jours, de ce dernier, une double copie, dont l'une sera communiquée, si les circonstances le permettent, à l'administration civile, l'autre à l'administration militaire ; elles seront certifiées conformes et contresignées par le chef de l'ambulance. Quant au registre de dépenses faites et des secours reçus, il sera journellement contresigné par le chef momentané de l'ambulance.

ÉVACUATION DES BLESSÉS ET MALADES. — Elle se fera selon les mêmes règles que l'on observe dans le transport des blessés et malades à l'ambulance, page 119, sauf que l'évacuation ne doit se faire qu'après avoir acquis la certitude du rétablissement régulier des communications; dans ces conditions seules elle pourra se faire avec toutes les garanties nécessaires à la sécurité des blessés et malades.

VIII

Instruction et exercices des Infirmiers volontaires.

Ce n'est pas en un jour ni par la simple lecture du Manuel que l'Infirmier volontaire se familiarisera avec les devoirs et les charges qui lui incombent, Il doit s'y préparer avec soin, suivre personnellement ou par escouade l'Instruction qui lui est offerte et les exercices auxquels il est convoqué.

Cette instruction sera divisée en deux parties, l'une théorique, l'autre pratique.

L'ENSEIGNEMENT THÉORIQUE. — Il sera demandé à des médecins et donné dans le sens le plus populaire possible.

D'anciens infirmiers, des hommes compétents, peuvent, en certaines parties, les remplacer. Il consistera :

1° Dans l'exposé de l'importance du rôle de l'Infirmier volontaire, et des devoirs qui lui incombent.

2° Dans les notions élémentaires d'anatomie et de physiologie, ayant pour objet de donner à l'Infirmier volontaire une connaissance suffisante de l'organisme humain, pour qu'il se rende compte des caractères principaux des organes et des membres, et entende les paroles du médecin. Il est inutile qu'il apprenne les noms latins et grecs par cœur. Nous les citons dans le Manuel, mais il suffit qu'il ait une vue nette, générale des organes et des fonctions de l'organisme humain.

3° Dans l'explication des principaux appareils et instruments, de leur usage et de leurs noms, on distinguera ceux dont il peut être appelé à se servir, et dont il devra acquérir une connaissance parfaite, de ceux dont il lui suffira de connaître les noms et les formes pour pouvoir les nettoyer, stériliser et les présenter au médecin.

4° Dans l'exposé des principaux accidents et maladies de route, qui peuvent survenir en temps de guerre, on distinguera ceux d'un ordre commun de ceux qui exigent un enseignement spécial. L'Infirmier volontaire peut en temps de guerre rendre des services considérables sans savoir pratiquer, par exemple, la respiration artificielle ou donner les soins nécessaires à un empoisonnement.

5° Dans l'enseignement des précautions nécessaires au relèvement des blessés et au pansement des blessures, de la tenue des salles, des chambres et des alentours d'une ambulance, des soins à donner aux blessés et malades, et de l'ordre nécessaire dans l'organisation et l'administration, on se contentera d'en tracer le tableau général, de manière à en faire comprendre les caractères et l'importance.

L'ENSEIGNEMENT PRATIQUE variera avec les circonstances dans lesquelles se trouve placé l'Infirmier volontaire. Il sera autre s'il est membre d'une Société de Sauveteurs ou de Secouristes, autre encore s'il est attaché à l'une ou l'autre des grandes Sociétés de la Croix Rouge ou s'il appartient à une escouade communale. Dans ce dernier cas, le matériel d'ambulance que possède la commune, ou qui aura été fourni par l'Œuvre des Infirmiers volontaires, devra suffire pour les exercices. Dans le second, l'Infirmier volontaire sera appelé à participer aux manœuvres que font de temps à autre les grandes Sociétés de la Croix Rouge avec leur matériel; et dans le premier cas il variera avec les ressources des Sociétés de sauvetage et de secours. Mais de toute façon il se composera :

1° d'exercices, avec un brancard régulier, de relèvement et d'enlèvement de blessés supposés, et dans l'improvisation de brancard par les moyens les plus divers et les plus inattendus.

2° d'exercices de pansements ordinaires et de pansements antiseptiques, avec des attelles et des bandes confectionnées, de la gaze, de la ouate et des bandes supposées stérilisées; de la compression des artères au moyen de la main, du garrot et de bandes élastiques, etc. Les mêmes exercices seront ensuite renouvelés avec les seuls objets que l'Infirmier a sur lui, trouve sur le blessé supposé, ou peut se procurer dans le voisinage immédiat.

3° d'exercices de lavage des mains
et de stérilisation des instruments, de
l'administration de médicaments, de
leur dosage, de la confection de solutions stérilisantes et de gaze et tarlatane stérilisées. Ces exercices peuvent
se faire avec des matières ou des liquides supposés antiseptiques.

4° d'exercices de tenue des salles,
de confection de lits improvisés, de

Fig. 65

soulèvement des blessés, des malades
supposés et des secours à leur donner.

5° En dehors de ces exercices, il en
sera fait d'autres spéciaux par les infirmiers qui voudront en outre s'instruire

d'une façon particulière dans les soins à donner aux noyés, asphyxiés, etc.

Les exercices se feront, les uns dans les locaux dont on dispose, les autres au grand air, afin de pouvoir les con-

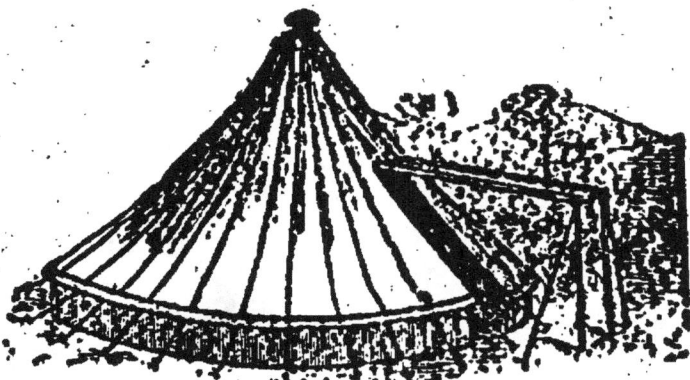

Fig. 66

former le plus possible à la réalité, et, pour les compléter, l'Infirmier volontaire sera exercé au ploiement et déploiement des tentes d'ambulances et de campement, fig. 65 et 66.

FIN

TABLE DES MATIÈRES

11

TABLE ANALYTIQUE

—

FIGURES

NOMS

ESCOUADES ET CORPS

DE

L'INFIRMIER VOLONTAIRE

Nom ....

Prénoms ....

Escouade ....

Corps ....

Date de la remise du Manuel : ....

....

Signature :

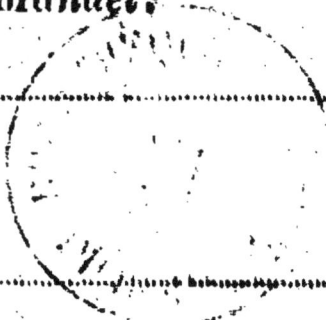

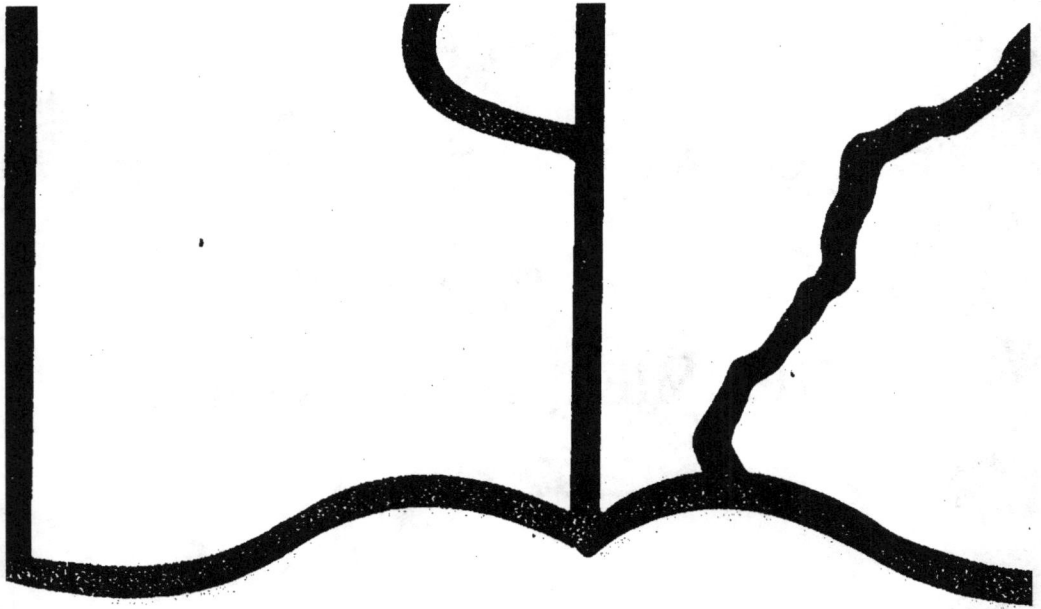